売り方の教科書

たった1日で
売れる人に
変わる

宮坂珠理
商品・自己PRプロデューサー
フリーアナウンサー

SOGO HOREI PUBLISHING CO., LTD

3時間半で1億5000万円。

1分間で72万円。

これは、私がテレビショッピングのプロデューサーとして成し遂げた売り上げの記録です。

大手テレビショッピングでは、毎週1000点を超える商品が販売され、「売れなければ即打ち切り」という厳しい世界です。

そんな過酷な環境の中でも、
私が記録的な売り上げを残すことができたのは、
「ある秘策」があったからです。

その秘策とは、**ストーリーを伝えること。**

本書ではその意味や方法をお伝えします。

はじめに　～モノが売れない時代の「売り方」～

「欲しい！」と言われる売り方の法則

この本を手に取っていただきありがとうございます。

あなたは、現在モノやサービスが売れなくて困っているのではないでしょうか。

モノやサービスが溢れている今の時代、いくら頑張ってお勧めしても、消費者も簡単にはお財布のヒモをゆるめなくなってきています。

そんな世の中で、もし、**しつこく売り込まなくてもお客様のほうから「欲しい！」と言っていただけるような方法**があったとしたらどうでしょう？

「そんな方法、あるわけないよ」「どうせものすごくお金がかかる話なんじゃないの？」。そんなつぶやきが聞こえてきそうです。

確かに、莫大な費用をかけて広告を出せば商品は売れていくかもしれません。

あなたの会社に、それだけの金銭的な体力や余裕があるなら、それも一つの方法でしょう。

ですが、そんなことをしなくとも商品は十分に売れます。

「売れる」売り方には誰でも実践できる、シンプルな法則があるのです。

申し遅れましたが、私は宮坂珠理《みやさかしゅり》と申します。

現在、化粧品の販売会社を運営しています。その傍ら、アナウンサーとしての経験や、テレビショッピングのプロデューサーとして数多くのヒット商品を世の中に送り出し、培ってきたスキルをもとに、売り上げを上げるためのノウハウをお伝えする仕事をしています。これまでセミナー講師として、商品や自分の強みが伝わる話し方や売り上げアップの秘訣など1500名の方にノウハウを教えてきました。

本書を読めば、無理に営業トークをしなくても、お客様が進んで購入してくださるような売り方のノウハウを身に付けることができるでしょう。

売れる秘密は「ストーリー」にあり

ここで、いま一度「モノやサービスを売る」ということについて考えてみましょう。

人がモノやサービスを売る。誰かがそれを買う。消費行動は本来とてもシンプルなものです。

ですが、モノやサービスの選択肢が増えていくとどうでしょう？

買う前に「選ぶ」という行動が加わります。

数ある商品の中から選ばれて、お客様のほうから「欲しい！」と言っていただくために必要なこと。同じような商品があった場合、決め手となるのに必要なこと。

それは、**商品の「強み」を引き出し、分かりやすく伝える「ストーリー」**です。

商品には、ストーリーのもととなる「ネタ」がたくさんあります。ネタとは商品の強みや特徴のことです。お客様へのインタビューや商品の調査によって集めたネタを組み合わせて、売れるストーリーを作り上げていくのです。数あるネタから伝えるべきものを選んで、ストーリーを作るには、ネタの種類別に「レシピ」が必要です。どのネタを中心にストーリーを構成するか、それぞれのネタをどのくらいの割合でストーリーに配合するかは、レシピによって異なります。

ただし、**ストーリーだけではモノやサービスは売れません。売る人が、その商品を扱うのにふさわしい「権威性」を備えていること**が必要です。お客様は権威性を感じられない人から、商品を買いたいとは思わないからです。

つまり、**モノやサービスを売るために必要なのは、売れる「商品PR」と売れる「自己PR」**なのです。

この二つを正しく伝えることで、お客様にあなたの商品を選んでいただけます。

「売れない商品」なんてありません

テレビを見ていると同じような効能をうたう化粧品のコマーシャルが次々と放送され、ネット上ではあらゆる定額サービスが提供され、家電量販店に行けば、ずらりと並んだ最新機種のテレビやパソコン、冷蔵庫……。どれもスペックは負けず劣らず良いものばかり。

価格の差もごくわずかです。

これだけ世の中にモノやサービスが溢れていると、スペックや広告、価格などの差別化だけではお客様の心をつかむことは難しいでしょう。

では今後、既存商品は売れないのでしょうか？

新しいモノやサービスを開発しても売れないのでしょうか？

そんなことはありません。テレビショッピング大手のショップチャンネルでは、毎週700を超えるアイテムが紹介されますが、そのおよそ50％が新商品です。また、それだけの新商品を次々と販売していても、創業以来2018年度まで21年間連続増収となっています（通販新聞調べ）。熾烈な戦いの中でも、ライバルを抑えて売り上げを上げている商品はたくさんあるのです。

それらの商品の共通点は、**お客様の心をわしづかみにする「ストーリー」が必ずある**こと。

「商品の品質が素晴らしいから買う！」という時代はとっくに終わ

っています。

これからの時代、売り上げを上げていくためには、「この商品なら私の悩みを解決してくれる」「〇〇さんが教えてくれた商品だったら間違いない」と、お客様に感じてもらう必要があります。

つまり、**他の商品とは異なる強みを生かして、お客様が「この商品は価値がある」と腑《ふ》に落ちる商品紹介をする**こと。商品情報を提供する**あなたの強みをアピールして、お客様に「この人は商品を語るのにふさわしい人物だ」と納得させ、あなたのファンになってもらう**こと。


本書では、あなたの商品が今よりずっと売れるようになるために、ストーリーの作り方、お客様の信頼の勝ち取り方、それらを効果的にお客様へ届けるための伝え方について解説していきます。

第1章では、なぜストーリーが大切なのか、具体例を交えて説明します。第2章では、「逆算」の考え方でストーリーのもととなるネタを探し出し、ネタの種類や商品ジャンルごとのレシピで作り上げていきます。第3章、第4章では、ストーリーを有効利用するために欠かせない、売る人の「見た目」や「プロフィール」と、お客様の迷いや不安を取り除く「話し方」や「クロージングテクニック」をまとめました。

本書で紹介する売り方は、決して難しいものではありません。どうすれば売れるようになるのか。その答えは必ず、商品とあなたの中に眠っています。

さあ、今から私と一緒に、探しにいきましょう。

CONTENTS

第1章

どんな商品にも必ず「ストーリー」がある

第2章

売れる「ストーリー」の作り方

第3章 売れる人の「権威性」の作り方

第4章 お客様の不安をなくす「伝え方」

ブックデザイン　小口翔平＋喜來詩織（tobufune）
図表・ＤＴＰ　横内俊彦
校正　池田研一

第1章

どんな商品にも必ず「ストーリー」がある

商品を売るための必要条件

あなたは本当に自分の商品を良いと思っていますか？

「商品が売れなくて困っている」「どうすれば売れるのだろう？」そんな悩みで頭の中がいっぱいになる前に、まず考えてもらいたいのです。

モノやサービスを販売していく上で、一番大切なことは、売る人が自分の商品に対して自信を持っていることです。いくら熱心に商品を紹介しても、自分が気に入っていないもの、自信がないものは良さが伝わりません。

「多分、良い商品だと思います」

「よく分からないのですが、お勧めみたいです」

もし、あなたがこんな風に説明しているとしたら、それはお客様に対しても商品に対しても不誠実です。

テレビショッピングの世界でもそれは同じでした。売れている商品を紹介している人は、ほとんどがその商品の製造・開発に深く関わってきた企業の経営者でした。

つまり、誰よりもその商品に愛情を注いできた人たちです。自分の商品を子どものように大切に思い、愛情を持って育て上げてきた人たちは、その商品の強みを一番理解しています。

逆に、商品アドバイザーの名の下、メーカーに頼まれて仕方なく番組に出演している人が商品を紹介した場合、売り上げはあまり伸びませんでした。商品の説明がしっかりできていても、言葉の端々に「頼まれて出ています」という感じがにじみ出てしまうのです。


今、あなたが自分の商品に対して自信が持てないなら、あなたにその商品は絶対に売れません。


「こんな製品が売れるわけがない」「この商品のどこが良いのかわからない」。

売れない人は、その理由を商品のせいにしています。ですが、世の中にはなんの得にもならない商品は存在しません。必ず誰かの役に立つために生み出されています。**あなたが自信を持って商品を売るために、まずやらなければならないこと。それは、自分の商品を好きになること**です。好きという気持ちは「一目ぼれ」という言葉に表されるように、直感的なところがあるかもしれません。ですが、好きになるための努力は誰でもできます。

当たり前ですが、まずは、**その商品の愛用者になってみましょう。**実際に使ってみると、商品のメリットやデメリットなどいろいろなことが分かります。自分が使ってみてどうだったか。どんなところが良いと感じたか。どんな変化があったのか。**実際に使用して得た体験談は、お客様にリアルに、そしてストレートに伝わります。**

現在私が運営している化粧品会社では、電話営業でお客様に商品を販売しています。営業担当者には、男女問わず全員に、必ず全商品を使ってもらっています。商品を肌で感じることで、商品に対して自信を持ってもらうのはもちろん、お客様に自分というフィルターを通して感じた商品の強みを伝えることができるからです。

私の会社の営業担当者は私を含め、全員が自社商品の大ファンです。

「自分も大好きで愛用している」という社員の思いが伝わり、ありがたいことに多くのお客様から「絶対にこの商品でなければダメだ」「この化粧品がなくなったら困る」というお声をいただいています。

こうしたお客様の支えがあって、10年以上も同じ商品を取り扱っています。さらに、競争の激しい化粧品業界の中でも、安定して売り上げを維持することができています。

売れ続けるためには、お客様にその商品のファンになってもらうこと。そして、そのためには、まずあなた自身がその商品の一番のファンでいることが大事です。

「品質が良いから売れる」は間違い

モノやサービスを売る人にとって、自分の商品に対して自信を持つことは、売り上げを上げるための必要条件です。

ですが、勘違いしやすいのは、**自信たっぷりに「商品の質の良さ」を伝えることだけが、売れるための条件ではない**ということです。

私がテレビショッピング大手のＱＶＣジャパン（以下ＱＶＣ）のプロデューサーとして、ある美白パックを紹介した時のお話です。天然ハーブの成分を抽出して作られたこの商品の紹介では、最初の頃ハーブの説明ばかりしていました。全く売れず、1時間頑張って商品を紹介しても売り上げはたったの10万円。そんな状態が2〜3回続き、もし次のオンエアーも同じような売り上げだったら、もうこの商品は番組で取り扱わない、というところまで来てしまいました。しかも、商品説明をしている男性は毎回ガチガチに緊張していたのです。そこで私は最後の切り札として、あることをその男性にお願いしました。

そして迎えた本番。

番組開始と同時に映し出されたのは、美白パックをして、「白塗り仮面」状態の男性の顔。真っ白な顔の男性が「白塗り仮面です」と言いながら登場するさまは、かなりのインパクトがありました。テレビをご覧の視聴者のみなさんが、この異様な映像に釘付けになったところで、彼にその場で「白塗り仮面」を洗い流してもらいました。すると…… 次に画面に映し出されたのは、彼のむき卵のようなツヤツヤの白い肌。

その瞬間、一気にコールが殺到したのです。結果、今まで10万円しか売れなかった商品が、1200万円の売り上げを叩き出すことに成功しました。

商品の品質を長々と語らずとも、「この商品を使うとこんなにキレイになる！」ということを、デモンストレーションでうまく表現できたことが売り上げにつながったのです。ただし、これは商品説明者が男性だったからこそできた荒業。もし説明者が女性だったら、ここまで意外性のある演出はできなかったでしょう。

ちなみにこの男性は、普段と違う演出によって緊張が解け、いつもより張り切って商品の説明をすることができました。

その後もこの商品は順調に売れ続け、その年のヒット商品にもなりました。ところが、このまま「めでたし、めでたし」で終わらなかったのです。

しばらくすると、この商品の売り上げに味を占めたメーカーの社長が、商品を紹介していた男性との契約を一方的に解除し、直接テレビショッピングの会社と取引することにしてしまいました。そして、自ら用意した女性の商品アドバイザーに商品紹介をさせたのです。

その結果、なんと売り上げが一気に50万円まで下がってしまいました。そして結局、その商品は元の売り上げに戻ることなく、テレビショッピングの世界から消えてしまいました。

なぜこんなことになってしまったのでしょう？

それは、メーカー社長の**「商品の質が良いから売れている」という誤った解釈が原因**です。確かにこの商品は品質的に良い商品でした。でも、それだけで売れたわけではありません。

事実、商品の品質についてじっくり語っていた最初の頃は、ほとんど売れていませんでした。爆発的な売り上げのきっかけを作ったのは、男性説明者による体を張ったデモンストレーションです。

テレビショッピングのバイヤーの下には、毎日多くの商品提案が集まります。その中で実際に紹介できる商品はほんの一握り。厳しいバイヤーの目に留まるためには、**「商品の品質が良い」のは当たり前。**それは商品が売れるために、最低限必要なことです。

テレビショッピングの世界のみならず、モノやサービスが増えて選択肢が果てしなく広がっている今、**「商品の品質が良い」というだけでは市場で戦えません。他にも「武器」が必要です。**

それを分かっていないと、厳しい販売競争に打ち勝つことはできないでしょう。

商品ではなく「感動」を売るのです

もうひとつ、モノやサービスを売る時に気を付けなければいけないのは、**商品を売る人は「モノやサービスそのものを売っている」のではない**ということです。

アメリカのある大学教授がこんな実験を行いました。

公園で、自分の6歳の息子にレモネードの売り子をさせました。その時に、3通りの営業トークで通行人に呼びかけるように指示しました。

①スッキリ爽やかなレモネードはいかがですか？

②スッキリ爽やかなレモネードが今ならたった数ドルです。

③スッキリ爽やかなレモネードで、ちょっと一息つきませんか？

そして、レモネードの価格を、お客様に1ドルから3ドルの間で決めてもらいました。結果、お客様が一番高い金額を付けたのは、③の営業トークでお勧めされた時だったのです。

①は商品の説明のみ、②はそこに「お得感」、③は「ちょっと一息」という価値を加えています。同じレモネードであるにもかかわらず、**価格の安さよりも、その商品を購入することで得られる「感動」にフォーカスしたほうが、お客様は価値が高いと判断したた**のです。

なぜこのような結果となったのでしょうか？

人はモノやサービスを買う時、本当はモノやサービスではなく、感動を買っているからです。「ドリルを買う人が欲しいのは穴である」という、マーケティングの世界ではとても有名な言葉があります。ドリルを購入する人は、ドリルという商品そのものが欲しいのではありません。ドリルを購入することによって得られる感動が欲しいのです。つまり、「穴を簡単に開けられる便利さ」などの感動を購入しています。

世の中には、感動を売ることで、商品の価値を消費者に伝えている企業がたくさんあります。

代表格は、東京ディズニーランドです。

夢を売るテーマパークのコマーシャルで、とても印象に残っているものがあります。少し前のものになりますが、主役はミッキーでもミニーでもなく、一人の女性の一生が描かれています。一人の平凡な女の子が幼い子どもから大人へと成長し、やがて結婚。子供を持ち、そしておばあさんになっていく過程で、人生のどのステージでもディズニーランドを楽しむ姿が描かれています。見た後になんだかとても温かいものが心に残るコマーシャルでした。

ミッキーやミニー、アトラクションやパレードなどの商品そのものの価値ではなく、「どの世代の人でも、ディズニーランドに来たらこんなに楽しい気持ちになれる」という感動を伝えることで、幅広い年齢層のお客様をターゲットにすることに成功しています。

様々なモノやサービスが溢れている今、私たち売り手が提供すべきなのは、モノやサービスそのものではなく、お客様が求める感動なのです。**お客様が求めているのは、商品そのものではありません。商品によって得られる感動です。**お客様はモノやサービスを通して、購入後に得られる感動が見えた時、商品を買ってくださるのです。

その**感動を人々に与えるのがストーリー**です。

商品の「ストーリー」とは何か

では、商品の「ストーリー」とは、どのようなものなのでしょうか？

商品のストーリーは、映画や小説などのストーリーとは少し意味合いが違います。映画や小説のストーリーは、そのもの自体をエンターテイメントとして楽しんでもらうためのものです。一方で、**商品のストーリーは、商品を売るべく「人の心を動かす」ために存在**します。

ストーリーを構成するものは様々です。商品開発秘話、商品や会社の歴史、開発者の思いや、実際にその商品を使った人たちの声、商品のスペック、商品を使うことによって得られる感動など。

これらはすべて**商品の「強み」であり、ストーリーのもととなる「ネタ」の一部です。商品のジャンルによって、どのネタや強みを中心にストーリーを作るか、どれく**

らいの割合でストーリーに盛り込むかが異なります。

例えば、家電製品で考えてみましょう。キッチン家電も美容家電も、新しい技術が搭載《とうさい》された新商品が次々と発売されます。このジャンルの場合、ストーリーは「この商品を使うと、こんなに便利で幸せな気持ちになる」という「未来の話」を中心にします。

テレビショッピングで家電を売る場合は、お客様が商品を使うところをイメージできるように、実際に商品を使用している場面をたくさん紹介することが多いです。番組内で商品を使ったり、日常で実際に使用しているシーンをVTRにしたり、様々な方法で商品の使い方を見せていきます。

商品にはお客様に「使ってみたい！」と思わせるストーリーのもとが必ずあります。もし、今あなたが売り上げに悩んでいるとしたら、まずは一度、改めてご自分の商品と向き合ってみてください。その商品にしかないネタがきっと見つかるはずです。

ネタの見つけ方については、第2章でお伝えします。

ストーリーがあれば、「無名」でも売れる

世の中には同じような商品でも大ヒットするものもあれば、一方で全く売れずにお蔵入り状態になってしまうものもあります。

では、売れるもの、売れないものの違いとは一体何でしょうか？

それはズバリ、**「この商品は価値がある」と納得できるストーリーが、お客様へ伝わっているかどうか**です。商品そのものの質はあまり関係ありません。その商品の「強み」をどう伝えるかが重要なのです。逆を言えば、たとえ**商品力がなくても、魅力的なストーリーが伝われば売れる**、ということです。

なぜなら**ストーリーには、商品の強みを伝えるだけでなく、商品の価値を高める力がある**からです。

私がプロデュースして3時間半で1億5000万円を売り上げた、ルーマニア発のジェロビタールというアンチエイジング化粧品があります。

テレビショッピングでオンエアーされる何十年も前から日本で販売されていました。ところが、当時ははっきり言ってほとんど知られていませんでした。無名の商品にお客様の関心を向けさせるには、有名人を広告塔に使うのが一番手っ取り早い手法でしょう。ですが、それは財力のあるメーカーだけができる技。私たちのような小さな企業が自分たちの力だけで売るには、その**商品の価値を高めて、お客様に「なんか凄そうだ」と思わせることが必要**でした。

さらに、化粧品は薬機法（医薬品、医療機器等の品質、有効性及び安全性の確保等に関する法律）に沿って説明する必要があり、「シワが取れる」「肌が白くなる」といった効果を断言するような表現は一切使えません。そこで、この商品の魅力を開発秘話から伝えることにしたのです。

ジェロビタールの場合、開発秘話を中心としたストーリーは次のようなものになりました。

――例：ジェロビタール――

「若さはお金で買える」。それを実現させたのが、ルーマニアが生んだ幻の加齢対策化粧品、ジェロビタール。

ルーマニアは社会主義国の時代から国家プロジェクトとして、莫大な国家資金を投入して「加齢対策プログラム」を開発してきた国。

そのプログラムは長い間秘密のベールに包まれ、１９７０年代になってやっと世界各国の要望に応え、門戸を開放。世界の王室や国家の代表、ハリウッドスターといった超ＶＩＰたちがお忍びでアンチエイジング治療に訪れた。それゆえに、一般の人々にはつい最近までそのプログラムは公開されていなかったという、まさに幻のプログラム。

そのプログラムの中で、「外側・見た目のケア」として使用されてきたのが、このジェロビタールなのである。

いかがでしょうか？　使いたくなりましたか？　このように**売れている商品は、お**

客様に対して、その価値を分かりやすく説明しています。「使ってみたい！」と思えるようなストーリーをきちんと伝えているのです。そうしなければ、どんな商品も売ることはできません。

「レシピ」によって、ストーリーは誰でも作れる

ここまで読んできた方の中には、「ストーリーが重要なのは分かったけど、どうしたら良いかわからない」と思った方もいらっしゃるかもしれません。

その悩みには、大きく二つの理由があると思います。

①そもそも商品の「強み」が分からない
②商品の「強み」は分かっているが、どう伝えれば良いのか分からない

大丈夫です。私は職業柄、人よりも多くの時間をかけて、「ストーリー」を考えてきました。ですが、始めからできたわけではありません。

新人アナウンサーだった時は、たった1分のニュース原稿を作るのに5時間もかか

ってしまい、危うく本番に間に合わないところだった、なんてことはしょっちゅうでした。QVCにいた時も、何時間もかけて満身創痍《まんしんそうい》で完成させたストーリーがお客様の心に刺さらず、全く売り上げにつながらなかったこともあります。

ストーリーを作るスキルは筋トレと同じです。トレーニングすればするほど上達します。**ストーリーは「レシピ」に従えば、誰でも作ることができます。売れるストーリーを作るためのストーリーのレシピは商品のネタによって異なります。**ストーリーのもととなる「ネタ」、つまり商品について取材したり、ターゲットにインタビューしたりして得た情報を、レシピに沿って組み合わせることで、ストーリーが完成します。ネタは、次の三つの質問の答えを埋めることで、見つけることができます。

①誰のためのものか？
②何の役にたつのか？
③それはなぜか？

ストーリーをうまく作ることができれば、対面や電話での販売以外でも、様々なシーンで応用できます。例えばホームページやメールマガジン、ＳＮＳ、プレゼン企画書などです。それらにストーリーを盛り込めば、多くのお客様の心をつかめる可能性が広がるでしょう。

ここまで読んでいただいたあなたは、ストーリーの重要性とパワーに気付き始めているのではないでしょうか？　ストーリーを極めれば、一生もののスキルとなります。私と共に、さらなるスキルアップを目指しましょう。

売ることが苦手だった私が見つけた最強の法則

今でこそ、このように多くの方に、売り方のノウハウをお伝えしている私ですが、最初からモノを売るのが得意だったわけではありません。

どちらかと言うと苦手な部類でした。大学生の頃スーパーで実演販売のアルバイトをした時も、他のアルバイトさんがどんどん売り上げていく中、私一人在庫の山を抱えていたぐらいです。

私は大学卒業後、仙台にある地方局のアナウンサーとして就職しました。在籍中は夕方のニュースキャスター、ラジオ番組や全国中継のリポーターとして県内中を駆け巡り、一人のジャーナリストとして取材やインタビューを通して様々な情報をお伝えしてきました。

その後、放送局を退職し、地元の東京でフリーアナウンサーとして活動するという夢を持って帰郷しました。

ところが、そこで私は大きな壁にぶち当たります。

受けたオーディションはすべて落選。アナウンサー事務所の面接でも不採用となり、一気に無職となってしまったのです。その後、何とかラジオ局の契約アナウンサーとして採用していただきましたが、アナウンサーとしての実力のなさを実感し、すっかり落ち込んでいました。

そんな時に出会ったのが、テレビショッピングの世界でした。私が悩んでいたちょうどその頃、母が化粧品会社を立ち上げ、その商品をテレビショッピングで販売するという話がきました。モノを人に勧めたり売ったりすることは苦手でしたが、「テレビに出て商品説明をするお仕事なら、私でも勤まるかもしれない」と思い、アナウンサーの仕事の傍ら、母の会社の仕事を手伝い始めました。

「話す仕事なら任せて！」という気持ちで引き受けたのですが、結果はなんと1時間の生放送でたったの5個しか売れないという、惨憺《さんたん》たるものでした。その時初めて、テレビに出て話をすることと、商品を売ることは全く違う次元の話なのだと気が付きました。私がやっていたのは商品を売ることではなく、ただ単に商品の情報を「伝える」ことだけだったのです。

この大失敗をきっかけに、本格的に「モノを売る」ということを学ぶため、テレビショッピング大手のQVCに入社しました。希望していたショッピングナビゲーター（番組で商品の紹介と進行をする人）としてではなく、「プロデューサー」としての採用でした。しかし、この転職が私の才能を開花させたのです。

私が担当したのは、1時間の生放送の中でいかにお客様の興味を引き付け、購入してもらうかを考えること。放送後でも商品の購入はできますが、次々と違う商品が紹介されていく中で、自分が売りたい商品に最大限興味を持ってもらえるのは、やはり生放送中です。放送が終わると、一気に売り上げは下がってしまいます。

テレビショッピングは生放送中が勝負！　つまり、お客様が商品に出会って購入するまでのタイムリミットは1時間です。深夜のテレビショッピング番組と比べると、かなり長い時間をかけてプレゼンすることが可能です。ですが、逆にいえば、その1時間を持たせるための「ストーリー」が必要になってきます。テレビショッピングは、単なるモノ売り番組ではありません。エンターテイメントです。お客様を飽きさせない番組作りをし、なおかつその商品の売り込みをしなければなりません。

そこで、私がまず行ったのは「ネタ」探しです。商品のターゲットへ取材し、お客様の興味を引くネタを見つけていきました。そのネタをもとに商品のストーリーを考え、ヒット商品を生み出す最高の番組に作り上げていくことに力を注いだのです。QVC時代には、化粧品、アパレル、家電、食品など様々なジャンルの商品、実に5000点以上を世に送り出しました。その中でお客様に商品が欲しいと思ってもらえるような番組の組み立てや強みの打ち出し方を試行錯誤しながら実践を繰り返し、自分なりの法則を導き出すことに成功しました。

その結果、1年後にはある美容商品の売り上げを20倍にすることに成功し、その年のベストセラー賞を受賞。それがきっかけで独立し、数カ月後には3時間半で1億5000万円、1分間で72万円という記録的な大ヒット商品を生み出すことができました。

こうした経験から得た法則。それは、**モノを売るにはストーリーが絶対に必要**なのだということです。

それまで営業も販売の経験もなく、モノを売るのはどちらかというと苦手でした。ですが、アナウンサーとして得た「インタビュー力」「取材力」「要約力」という番組を作る上で必要なスキルは、テレビショッピング業界で大いに役に立ちました。そして、こうしたスキルこそが、モノを売るために必要なのだということも学びました。

アナウンサー時代に身に付けたスキルと、QVC時代に培った「ストーリー構築力」「演出力」を掛け合わせることで、自分自身も大きく変わっていったのです。

第2章

売れる「ストーリー」の作り方

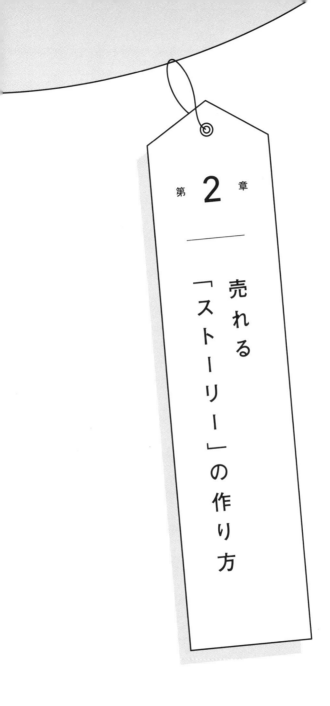

倍率数百倍のアナウンサー試験を突破した私の「逆算思考」

私は、子どもの頃から常に「逆算思考」で物事を考え、行動してきました。

小学校5年生の頃、『なるほど！ザ・ワールド』というテレビ番組で、リポーターとして活躍していた、益田由美《ますだゆみ》アナウンサーの大ファンでした。益田さんは、番組の中で世界各地に赴き、驚きの習慣や事実をクイズにして伝えていました。

そんな彼女の姿を見て、「将来、絶対アナウンサーになる」と決めたのです。

それから、益田さんのように世界中からリポートするために、英語を身に付けようと、高校で奨学金の試験を受け、2年間イギリスへ留学しました。

アナウンサーになるためには、日本の大学へ進学することが必須だと思っていたので、留学後は迷わず日本に帰国しました。アナウンサーを多く輩出している大学を目指しましたが、2年間海外で過ごした私にとってはハードルが高く、結局希望とは程遠い、横浜国立大学へ通うことになりました。

周りは公務員や銀行員を目指している学生ばかりで、私のようにマスコミ就職、ましてやアナウンサーを目指している人は皆無でした。それでも諦めずに、その状況からアナウンサーになるにはどうしたら良いかを考え、アナウンスの専門学校へ、二足のわらじで通うことにしました。


そして、いよいよ就職活動が始まるわけですが、当時マスコミ業界を目指す学生は大変多く、花形のアナウンサーともなると、求人倍率は数百から数千倍という狭き門でした。試験では、何よりもまず書類選考を通過しないと、次の面接試験を受けられません。数ある応募書類の中から、面接官の目に留まるためにはどうすれば良いか？

悩んだ末に、「強み」をキャッチフレーズにして、面接官が思わず会って話を聴きたくなるような履歴書を作ることにしました。平凡な文章ではなく、一目で面接官の興味を引くものでなければ、ライバルに打ち勝つことはできません。

まずは、自分の強み探しです。最近のことだけではなく、幼少期からさかのぼって自分を見つめていくことで、自分の性格や考え、強みが見えてきます。

▼イギリスの高校時代をサバイバルするために身に付けた「自己主張力」「国際感覚」
▼高校時代は「山岳救助隊」、大学は「体育会陸上部」に所属。原付バイクで横浜から熱海まで旅行するなど、初めてのことでも臆することなくチャレンジしていく力
▼サバサバとした性格

これらの強みを「原色のチャレンジャー」というキャッチフレーズにまとめ、太字で大きくエントリーシートに書いて応募しました。こうした作戦（？）が功を奏したのか、エントリーした30社は、すべて書類審査を通過することができました。

書類審査後の面接では、狙い通り、このキャッチフレーズについて真っ先に質問されました。そこで、自分の強みを、先ほどの具体的な経験談を交えて分かりやすく伝えました。すると、ほとんどの面接官が「なるほど〜！」という納得の表情をされていました。

面接官のこのような体験を、心理学の世界では「アハ体験」というようです。「アハ」とは、「わかったぞ」という体験を表す言葉で、不思議なひらめきのことを指し

ます。今まで分からなかったことや思い出せなかったことが、急にはっきりした時に感じることです。

例えば、たまたま再会した知人の名前が急に思い出せないようなケース。「顔は頭の中に浮かんでいるのに！」と、うずうずした後、お風呂に入ったら急に「あ!! ○○さんだ！」と思い出してスッキリしたことはありませんか？

このようにアハ体験は、突然起こる、問題解決がスムーズに行われる、肯定的な感情を引き起こす、そのひらめきを疑わないという特徴があります。

この時の面接官も、「原色のチャレンジャーって何だろう？」という疑問が明らかになったことで、肯定的な印象を持ったのだと思います。こうした心理学的効果までは計算していませんでしたが、ほとんどの放送局の試験で役員面接まで進みました。

そして、ついに仙台のＴＢＳ系列東北放送から内定をいただき、アナウンサーになるというゴールにたどり着くことができました。

私が数百・数千倍ともいわれた採用試験を通過できたのは、「アナウンサーになるためにはどうしたら良いか？」というゴールに向かって「逆算」しながら近づいていいったからです。

逆算をしていくと、必ずゴールにたどり着く。

それからというもの、私はいつも逆算思考で物事を考えて行動しています。

商品の「ストーリー」を考える時も同じです。

何も難しいことはありません。お客様に「欲しい！」と言って購入していただくことがゴールです。あとはどうしたらこのゴールにたどり着くことができるのかを逆算して考えていくだけなのです。

ストーリーのネタは「逆算」で見つける

第2章では、ストーリーのもととなる「ネタ」の探し方から、商品のネタごとの「ストーリー」の作り方についてお伝えしていきます。

まずは、ネタを探していきましょう。

ネタは「逆算」することによって誰でも見つけることができます。つまり、**あらかじめ決まったゴールを決め、そのゴールに到達するためにどうすれば良いかを考えていけば良い**のです。

モノやサービスを売る上でのゴールとは、ターゲットに商品を「欲しい！」と思って購入してもらうことです。そのゴールにたどり着くために、ターゲットがどうしたら「欲しい！」と思ってくれるのかを考えていきます。

例えば「化粧品が欲しい！」と思うのは、その化粧品によって自分の悩みを解決できる、化粧品を使うと「感動」が得られると感じた時です。

では、どんな悩みがあるのか？　求める理想の姿とは何か？　「年齢と共に増えてきた、シミやシワを改善したい」「吹き出物をなんとかしたい」「今よりも10歳若返りたい」など様々なターゲットの悩みや理想の姿があるはずです。

こうした悩みや理想の姿があぶりだされたところで、今度は「なぜ、この化粧品がその悩みを解決できるのか？」という理由を探っていきます。他の商品にはない成分を使用しているのか？　どのくらい効果があるのか？　開発のためにどんな苦労があったのか？　信頼できるエビデンス（証拠・根拠）はあるか？

このようにどんどん**逆算して探っていくことで、その商品の強みや、それを効果的に伝える方法が浮かび上がってきます**。

次からは、それぞれのステップごとに、具体的な方法やテクニックをお伝えします。

「ネタ」の探し方

ステップ1.ターゲットを設定する

●性別
●年齢
●職業
●家族構成
●年収

↓

ステップ2.ターゲットの悩みをあぶりだす

①インタビューのゴールを設定する
②質問内容を準備する
③安心感を与える

↓

ステップ3.ターゲットのニーズを引き出す

●オープンクエスチョン
●芋づる式インタビュー
●「現在・過去・未来」の質問

↓

ステップ4.商品やサービスの「強み」を探る

●既存客へインタビュー
●自分で使う
●バックグラウンドを調べる
●他社商品との比較

ステップ

1

ターゲットを設定する

モノやサービスを売る時に、最初に考えなければならないのはお客様、つまりターゲットのことです。

どんな人がそのモノやサービスのターゲットなのかが分からなければ、ターゲットの悩みやニーズが分かりません。悩みやニーズが分からなければ、あなたの商品を「欲しい！」と言って購入していただく、というゴールにたどり着くまでのルートが分かりません。

ターゲットは、できるだけ絞り込んで具体的な人物像を設定しましょう。そうすると、どんな生活をしているか、どんな悩みを持っているか、というイメージが湧きやすく、効率よく「ネタ」を探すことができます。では、ターゲットはどのようにして絞り込んでいけば良いのでしょうか？

もしあなたがすでに商品を販売されていて、お客様がいるのであれば、その方々がどんな人なのか探ってみてください。直接お客様とお話ができるなら、それが一番確実です。

起業したばかりでお客様がいない、新たな顧客層へアプローチする場合などは、SNSでアンケートを募ったり、知人や友人の中でターゲットに近い人に聞いたりしてみましょう。

観察、もしくはインタビューするポイントは以下のとおりです。

▼ 性別
▼ 年齢
▼ 職業
▼ 家族構成
▼ 年収

おおよそ100名ぐらいのお客様を観察していくと、ある程度おおまかな人物像が浮かび上がってきます。最終的には、年齢や性別、年収など、もうこれ以上絞れないというところまで細かく設定していきましょう。

例えば、ルーマニアのアンチエイジング化粧品、ジェロビタールのターゲット像は次のようなものでした。

「55歳　女性　専業主婦　子どもはすでに就職しており、子育ては数年前に一段落。会社員の夫の年収は800万程度。化粧品にかけているお金は月に2～3万円」

ここまで絞り込むと、ターゲットの悩みやニーズが見えてきます。

ステップ

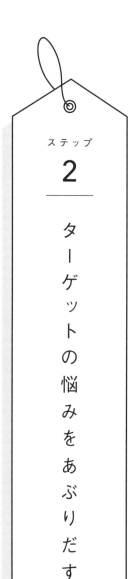

2

ターゲットの悩みをあぶりだす

ターゲットが絞りこまれたら、次は悩みやニーズを探っていきましょう。売り上げを上げるためには、顧客の悩みやニーズを把握し、それを解決する商品を提案することが重要です。**ターゲットの悩みやニーズは営業のキモ**ともいえます。

では、どのように探っていけば良いのでしょうか。それには、第一に**「質問力」を身に付けることが必要**です。当然ですが、お客様の悩みやニーズはお客様の心の中にあります。それらを、効果的に引き出していかなければなりません。そのためのインタビュー方法をお伝えしていきます。

①インタビューのゴールを設定する

効果的なインタビューを行うためには、はっきりとしたゴールを設定することが重要です。この場合は、「お客様の悩みとニーズを探し出す」ことです。

②質問内容を準備する

相手から情報を引き出すには、「質問力」が不可欠です。質問の仕方によっては、多くの情報を得られるでしょう。ですが、やり方を間違えると、話がしぼんでしまって、ほとんど何も聞けなかったということになる場合もあります。**ゴールの答えを導くためには、あらかじめ事前準備が必要**です。

私は仙台でのアナウンサー時代、毎日様々な職業の方とお会いし、インタビューしてきました。ラジオのレポーターとして、紹介したいお店の人にインタビューをする場合も、ニュース番組のキャスターとして取材をする場合にも、あらかじめ**取材相手や取材対象について下調べをしてから、聞きたい内容を引き出すための質問を用意**して臨んでいました。

今では個人でも、SNSやブログなどで情報発信している方がたくさんいらっしゃいます。実際にお会いする前に、それらをうまく活用して少しでも情報を集めている方が準備もしっかりできます。また、相手の情報を集めることでどんな人かなんとなく分かっているので、緊張せずにインタビューに臨むことができます。

③安心感を与える

基本的に人は話を聞きたいというより、話をしたいと思う傾向があります。だからといって、**初対面の相手に向かっていきなり質問のボールを投げつけてはいけません。**内容の濃いインタビューにするためには、まず相手との信頼関係を築くことが重要です。

私はラジオのリポーターとして、宮城県内各地を巡りながら、様々な人と出会い、インタビューをしてきました。インタビュー相手があらかじめ決まっているコーナーもあれば、生放送中に飛び込みでアポイントを取って、その場でお話を聞かせていただくこともありました。

事前にインタビューする人が決まっている場合は、前もって質問などの準備ができますし、インタビューを受ける人も心の準備ができているのでスムーズに本番を迎えることができます。

しかし、飛び込みインタビューの場合はそうはいきません。ラジオへの出演交渉から始まり、インタビューまですべて限られた時間内でこなさなければなりませんでした。おまけに、インタビューされる人も、突然のことで何の準備もできていない状態です。それでも、とにかく相手から情報を聞き出さなければなりません。

そのためには、まず**相手に安心感を持っていただき、話しやすい雰囲気を作ること。相手に安心してもらうには、「共通のポイント」を見つけることが効果的**です。ラジオレポーターを始めたばかりの頃は、アナウンサーらしく接するのが正しいと思い、どんな場面でも標準語で話しかけていました。すると、インタビューをしても、最後までよそよそしさが残ってしまい、あまり良い情報は得られませんでした。

その反省を生かして、次からはできるだけその地域の方言などを織り交ぜてみると、相手との距離がぐっと縮まり、より多くの情報を聞き出すことができました。方言に限らず、出身地や趣味などの共通ポイントを見つけることで、相手と自分の間にあるハードルは大きく下がります。

また、話を聞きながら、**うなずきや相づちを入れて、相手の気持ちに共感する態度を示す**ことも大切です。

―― 例：ＢｔｏＢの営業 ――

営業マン：「普段はどんなお仕事をされているのですか？」
取引先：「主に新入社員への指導を行っています」
営業マン：「そうですか（相づち）。この時期は特にお忙しいでしょうね」
取引先：「そうなんですよ、この時期は毎日研修を行っています」
営業マン：「毎日ですか！　それは大変ですね（共感）」

このように、相手に共感を示しながら話を聞くことで、相手はリラックスして質問に答えることができます。

ステップ

3

ターゲットのニーズを引き出す

共感したり、共通点を見つけたりして、相手を安心させたら、少しずつこちらが欲しい情報を引き出していきます。また、一度のインタビューでより多くの情報を聞き出すには、いくつかテクニックが必要です。

▼ オープンクエスチョン

質問には、「オープンクエスチョン」と「クローズドクエスチョン」の2種類あります。

オープンクエスチョンは、自由に答えられる質問。クローズドクエスチョンは、「はい」「いいえ」や「A」「B」など2択で答えられる質問です。

相手との信頼関係を強めて、情報をより多く入手したい場合には、オープンクエス

チョンで質問していきます。なぜなら、「はい」「いいえ」で答えられる質問ばかり続けていると、会話が広がらないばかりか、相手はまるで尋問を受けているかのように感じてしまうからです。

せっかく話しやすい雰囲気を作っても、急に踏み込んだ質問をしてしまっては、情報を得るどころか、せっかく築きかけた信頼関係を失ってしまいます。

まず「広く聞く」。そこから「深く掘り下げていく」ことで、相手も話しやすくなるのです。

▼芋づる式インタビュー

一つのオープンクエスチョンに対する答えから、さらに深く掘り下げて芋づる式に質問していくことで、次から次へと相手の本音を引き出すことができます。

——例：化粧品売り場——

店員：「最近お肌に関してどんなお悩みがありますか？」

お客様：「そうねえ。年齢と共にいろいろなところが気になってきたわ」

店員：「例えばどんなところが気になっていますか？」
お客様：「目元かしら」
店員：「なるほど、目元ですね。目元がどのように気になっているのですか？」
お客様：「最近まぶたにハリがなくなって下がってきてしまっているのが気になっているの」

このように、最初の「どんなお肌の悩みがあるか？」というオープンクエスチョンから、どんどん掘り下げて聞いていくことで、「目元の悩み」から「まぶたのたるみ」という、より具体的な悩みまでたどり付くことができます。

▼「現在・過去・未来」の質問

芋づる式インタビューをする際には、**現在→過去→未来の順番に話を聞いていくと、相手の悩みだけでなくニーズも聞き出すことができます。**

モノやサービスを売る上で一番必要なのは「未来」の話。「どんな未来が理想なのか？」「どうなりたいと思っているのか？」。つまり相手のニーズです。ですが、相手にとって「未来」の話は今ここにないもの。不確定で、答えにくいものです。「明日何が食べたい？(未来)」と、聞かれるとすぐには答えが出てこないですよね。ですが、「今何が食べたい？(現在)」や「昨日何を食べた？(過去)」といった質問ならすぐに答えられるのではないでしょうか。このように、現在の話や過去の話はすでに起きている事実なので答えやすいのです。

ですから**最初は相手の現状を知るための質問**をしましょう。相手が今どんなことに困っていて、どんな状況なのかを把握していきます。例えばあなたの商品がダイエット食品だとします。ご来店されたお客様に現在の悩みについて質問してみましょう。

――例：店頭でのダイエット食品販売――

店員：「今、ご自分の体型などでお悩みはありますか？」
お客様：「おなかまわりのお肉が気になっています」

相手の状況を把握したら、今度はその原因を過去にさかのぼって聞いてみましょう。

店員：「おなかまわりは以前からのお悩みですか？」
お客様：「そうですね……。以前はそんなに気にならなかったです」
店員：「なるほど。以前は気にならなかったのに、今気になるのはどうしてですか？」
お客様：「以前は運動をしていたので、どんなに食べても太らなかったのですが、最近運動をやめてしまったので、どんどんおなかまわりにお肉がつくようになってしまったんです」
店員：「なぜ運動をやめてしまったのですか？」
お客様：「以前より仕事が忙しくなって、運動する時間がなくなってしまったからです」

このように「おなかまわりが気になる」という現在の状況に至った原因が、「仕事が忙しくて運動できなくなった」ことだと分かってきます。**現状とその理由が見えてきたところで、未来の質問**です。

店員：「では、どんな体型が理想ですか？」

お客様：「とにかくおなかまわりをスッキリとさせて、細見のワンピースをキレイに着こなしたいです」

現在の状況を把握し、なぜそうなってしまったのかという原因を過去から探す。そして、未来について「これからどうしたいのか？」という順番で質問する。すると、**相手の頭の中が整理されて、本人も気づいていなかった悩みや希望が出てきます。**そのため、やみくもに質問するより明確な答えを得ることができるのです。

ステップ 4 商品やサービスの「強み」を探る

相手の悩みやニーズがあぶりだされたら、今度は**あなたの商品が、ターゲットの悩みを解決できる根拠を探していきます。この根拠こそが他にはない、その商品の「強み」です。**このステップが、「ストーリー」のキモとなるところで、もっとも時間をかけるべきポイントです。

商品の強みは、次のような方法で見つけ出すことができます。

▼既存客へインタビュー

お客様の声は、自社商品の強みを知るための大きな手がかりとなります。

もし、**あなたの商品を利用しているお客様がいるのなら、その方々の声に耳を傾けることで強みが見えてきます。**アンケート調査などを利用して、「どんなポイントが気に入っているのか」「なぜ利用しているのか」「購入したきっかけや理由」など、徹底的に調べましょう。

直接、お客様に電話してインタビューすることも効果的です。私が運営している化粧品の通販会社では、定期的にお客様と電話でコンタクトを取っています。その際に、商品に対する意見や感想などを詳しく伺っています。

お客様にインタビューする時には、三つのポイントを押さえて情報を引き出しましょう。

①商品を使ってみてどうだったか
②どんなところが良かったか、悪かったか
③なぜ使ってみようと思ったのか

▼自分で使う

お客様と同じように商品を使ってみることで、商品の「強み」が見えてきます。

私はＱＶＣのプロデューサー時代、多くの商品に出会いました。毎日番組でたくさんの商品を紹介していましたが、ショッピングナビゲーターやプロデューサーは、それらの商品をすべて自分で試してから本番に臨んでいました。**自分で商品を使用することで、自分なりに感じたことを伝えられるため、とってつけた感のないリアルな情報を伝えることができる**のです。

▼バックグラウンドを調べる

商品には必ず開発時のエピソードがあります。自社の開発担当者や、仕入先にインタビューすることで、その商品のバックグラウンドを知ることができます。**開発までの経緯、スペックや原材料へのこだわり、完成までの苦労話などが、商品の強みを発見するカギ**となります。それらを掘り下げていくことで、商品のいろいろな面が見えてくるのです。

▼他社商品との比較

自社商品だけを見ていると、どのポイントが強みになるのか、気づきにくくなることもあります。自分の商品を過大評価してしまうこともあるかもしれません。

似たようなモノやサービスが多い時代、お客様は常に複数の選択肢の中から、いくつか比較して商品を選んでいます。**他社商品の強みやメリット、デメリットを徹底的に調べたり、比べたりしましょう。**

お客様がどんな点を比較対象にして、商品を選んでいるのかが分かります。それらが、自社製品の強みを見つけるヒントとなるのです。

これまで、ネタの集め方をお伝えしてきました。

ここで、具体的な例としてジェロビタールの場合、どのようにネタを見つけたか、ご紹介します。

私がジェロビタールと出会った当時は、美容院などを中心に販売活動が行われていました。そこで、まずは販売活動をされている方に、商品の情報や使い方などを伺いました。

すると、ジェロビタールはクリームをつけてから、ローションを付けるという独特な使い方をすることが分かったのです。さらに、マッサージしながらクリームを塗りこむと、かなりのリフトアップ効果を体験できました。顔の半分だけで試すと、その差は一目瞭然。これはデモンストレーションとして利用できると感じました。
実際にルーマニアへ行き、アンチエイジングの治療施設や工場で、現地の方にも直接お話を伺いました。そこで商品が生まれるまでの歴史や、こだわりなどを聞くことができたのです。世界のＶＩＰの方々が訪れた時の写真を見たり、実際にアンチエイジング治療を受けたりもしました。

このように、順番にターゲットや商品について調べていくことで、ストーリーのネタが揃います。

売れるストーリーの「黄金レシピ」

集めた「ネタ」をもとに、相手の心に届き、「欲しい！」と言わせる「ストーリー」を作り上げるには、「レシピ」が必要です。レシピは商品の強みを最も魅力的に伝えるストーリーを作る方法です。

ストーリーの「黄金レシピ」には次の五つのパターンがあります。

これらは、私がテレビショッピングで商品を販売していた時に確立したものです。

レシピ1　バックグラウンド深掘り法

レシピ2　未来のシーン想像法

レシピ3　みんなと一緒法

レシピ4　巻き込み実演法

レシピ5　オーナーシップ法

商品にとって、最適なストーリーのレシピは、ネタの種類によって異なります。あなたの商品に適したレシピが一つとは限りません。二つ以上のレシピを組み合わせることができる場合もあります。また、同じレシピでも商品によって、伝えるべきネタの割合が変わることもあります。

最適なレシピやネタの配合率は、「そのネタがどれくらい魅力的か」によって決まります。集めたネタの中で、より魅力的なネタをストーリーの中心にしたり、配合率を高めにしたりしましょう。あるネタをストーリーの中心にするということは「そのネタに関する情報をより多く伝える」ということです。テレビショッピングならその情報を伝える時間を長くする、対面ならプレゼンで話す量を多くする、ネットのサイトやポスターなら文量を多くしたり、レイアウトを大きくとったりするということです。

あなたの商品にはどのレシピが最適なのか？　79ページのチェックシートで確認していきましょう。まず、集めたネタを全て書き出します。それぞれのネタが当てはまる項目にチェックを入れていきます。合計点数の高いものが、あなたの商品に向いているレシピです。

ジェロビタールを例にして、どのように自分の商品に合ったレシピを見つければ良いか見てみましょう（80ページ参照）。化粧品の成分や効能よりも、開発者のこだわりや背景に関するネタが多く、そこが一番の「強み」になることが分かります。さらに、誰もが知っている有名人も使っていたという事実や、商品の紹介者である私の母が「ターゲット」と同じように、「年齢肌が気になる」という悩みを共有している点も強みです。

このように、ジェロビタールには、「バックグラウンド深掘り法」と「みんなと一緒法」の2つのレシピに関するネタがあります。合計点数が高いバックグラウンド深掘り法を優先しますが、みんなと一緒法のネタも加えると、別の角度から強みを伝えることができて、より説得力のあるストーリーになります。実際にテレビショッピングでは、開発秘話を紹介していく中で、どんな超ＶＩＰたちが使用してきたのかを口頭で説明したり、写真を見せながら紹介したりして、視聴者にアピールしました。

また、ネタの集め方でも紹介したように、使用後の変化が分かりやすいので、デモンストレーションの割合を多めにしていました（ただし、基礎化粧品や健康食品などの場合は、薬機法に従って表現を工夫するなど注意が必要です）。

ストーリーのレシピは売り上げに直結する強力なセールスアイテムです。是非、あなたの商品に当てはめて、ぴったりのレシピを見つけ出してください。

次からはそれぞれのレシピによるストーリーの作り方を具体的な商品例と共にお伝えします。

「ストーリーのレシピ」チェックシート

集めた「ネタ」がそれぞれどの項目にあてはまるか、チェックをつけましょう。合計点数が最も高いところが、商品にとって最適なレシピです。ただし、点数が同じ場合は、それらのレシピを掛け合わせてストーリーを作ってもOKです。

❶バックグラウンド深掘り法

☐ 開発秘話が興味深い　5点
☐ 作り手にこだわりがある　3点
☐ 見ただけでは使い方や良さが分かりにくい　2点

❷未来のシーン想像法

☐ 新しさが売りである　5点
☐ スペックが強みである　3点
☐ お客様の声が豊富にある　2点

❸みんなと一緒法

☐ 有名人が関わっている　5点
☐ 知名度が高い　3点
☐ 開発者や売る人がターゲットと悩みを共有している　2点

❹巻き込み実演法

☐ 五感で良さを感じられる　5点
☐ デモンストレーションができる　3点
☐ ビフォーアフターをはっきり見せられる　2点

❺オーナーシップ法

☐ お試しができる　5点
☐ 使わないと良さを実感しにくい　3点
☐ 返品・返金保証あり　2点

最適なレシピを見つけるまで（ジェロビタールの場合）

①ネタを集める

1. ルーマニアで行われていた若返り治療
2. 国家機密の研究
3. チャウシェスクという独裁者が自分の見た目のケアのために作らせた
4. 世界中の超ＶＩＰがホームケア化粧品として愛用
5. クリームのメイン成分は「ラノリン」
6. ローションにはカルパチア山脈の天然水を使用
7. クリーム→ローションの順番で使う
8. 商品に携わる人がターゲット（50代以上の女性）と同じくシミ・シワ・たるみなどの年齢肌に悩んでいた

↓

②ネタの内容から、シートの当てはまる項目にチェック

3 →☑開発秘話が興味深い
1、2 →☑作り手にこだわりがある
5、6 →☑見ただけでは使い方や良さが分かりにくい
} レシピ1

7 →☑ビフォーアフターをはっきり見せられる
} レシピ4

4 →☑有名人が関わっている
8 →☑開発者や売る人がターゲットと悩みを共有している
} レシピ3

↓

③バックグラウンド深掘り法+みんなと一緒法が向いている！

レシピ

1

バックグラウンド深掘り法

ネタ配合比率：「開発秘話」7割、「デモンストレーション」2割、「お客様の声」1割

お客様の悩みやニーズを解決する商品の「強み」を、開発秘話や歴史といったバックグラウンドから伝える方法です。

化粧品や健康食品など、**見ただけでは使い方が分からず、詳しく説明が必要なもの、**または薬機法などの絡みで、**効能効果をはっきりと伝えることができないもの、開発時の苦労話や開発者のこだわりが強いもの**などはこの方法が効果的です。

ジェロビタールの場合、アンチエイジング効果の根拠として、莫大な国家予算を投じて若返り研究を進めてきた国が開発したという「開発までの歴史」をストーリーにしていました。数あるアンチエイジング化粧品の中で、この商品にしかない「開発秘話」を伝えることで、独自性をアピールしています。

他に、青森県でリンゴ農家を営む、木村秋則《きむらあきのり》さんの実話をもとに映画化もされた奇跡のリンゴを例にしてみましょう。リンゴ栽培には「農薬散布が欠かせない」というのが常識です。ところが、木村さんの奥さんが、年に何回も散布する農薬で身体を壊してしまいました。そこで、木村さんはどうにかして無農薬でリンゴを作れないかと考えます。周囲の反対を押し切り、農薬を使わずに虫よけしようと、様々な工夫をこらしてみました。ですが、すべて失敗に終わってしまいます。

結局、10年経っても無農薬のリンゴ栽培は実現できませんでした。木村さんは、悩んだ末に死を覚悟し首を吊ろうと、山の中に入りました。そこで、野生のくるみの木を見つけたのです。まったく手入れをしていないにもかかわらず、しっかりと成長しているくるみの木。そこからヒントを得て、無農薬栽培を再開しました。そして、念願叶って、ようやくリンゴの無農薬栽培に成功しました。

木村さんのリンゴの最大の強みは、「農薬を気にせず安心して食べられる」という安心感。その根拠は、これまで不可能とされていたリンゴの無農薬栽培を、10年もの歳月をかけて苦労の末に成功させたという「開発秘話」です。

リンゴそのものは、どこでも買うことができます。ですが、木村さんのリンゴは「苦労話」をストーリーにすることで、他のリンゴと比べられない、独自性と希少性を強烈にアピールすることができているのです。

レシピ

2

未来のシーン想像法

ネタ配合率：「スペック（新しさなどの感動）」6割、「デモンストレーション」3割、「スペック（仕様など）」1割

その商品を使うと、どんなに便利でより良い未来が待っているのかという「未来の話」をストーリーの中心にする方法です。

開発秘話や歴史がストーリーとなるものもあれば、逆にバックグラウンドを語らないほうが良い商品もあります。

特に家電製品などがその典型です。テレビや冷蔵庫、携帯電話などは、短い期間に

次々と最新型の機器が発売されます。そのような商品にとって、100年も前の歴史や開発秘話など、過去の話はあまり「強み」とはなりません。**このような商品の場合、強みは以前と比べてより良くなったという「進化した技術」（新しさ）**です。

「進化した技術を伝えるには商品のスペックを語る方がより分かりやすいのでは？」と、思われるかもしれませんが、実は違います。

例えば、ソニーのハンディカム（FDR－AX60）の場合、スペックをそのまま説明するとこうなります。

▼空間光学手ブレ補正
▼光学20倍（デジタル250倍）、全画素超解像40倍（HD）、30倍（4K）
▼ドルビーデジタル5・1クリエーター搭載

家電量販店の店員さんが、このように製品を紹介した時、電化製品に詳しい人なら、このスペックがすごいものであるということが分かるのかもしれません。ですが、その分野の知識がない人は、このような説明を受けても、あまりピンとこないでしょう。専門的な言葉でスペックを語っても、具体的にイメージしにくいため、「どれくらいすごいのか」という強みが伝わりにくいのです。

このような場合は、**「この商品を使うと実際にどんな未来が待っているのか？」という、お客様の未来を「ストーリー」にすると強みが伝わります。**ハンディカムの場合、ストーリーは次のようなものになります。

――例：ハンディカム――

お子様の運動会でビデオ撮影する時、こんなことにお困りではないですか？
「徒競走で走っている自分の子どもの姿。ちゃんと撮影していたつもりでも、家で再生すると手ぶれがひどくて見ていられない。」
「組体操で自分の子どもを中心に撮影したいけれど、距離が遠過ぎてズームにしないと撮れない。でも、ズーム撮影するとブレたり、画質が落ちたりしてしまう。」

でも、このビデオカメラなら、大丈夫です！
手ぶれ補正機能が格段にアップしたので、たとえ走りながら撮影しても、手ぶれが発生しません。また、ズーム撮影時でも画質を落とすことなく、キレイにお子様の晴れ姿を収めることができますよ！

ほら、こちらをご覧ください。これは実際に私が撮影したものですが、かなりキレイに撮れていると思いませんか？

このように、**他の商品に比べて、「お客様の悩みがどのくらい解消されるか」ということを実践して見せることで、商品の強みが分かりやすく伝わる**のです。

保険などの商品もこのレシピが向いています。保険商品なども、電化製品と同様に専門用語が多く、知識を持っていない人からすれば、その商品の強みが分かりにくいことが多いでしょう。

▼入院時の補償が充実している

▼先進医療に備えることができる

このようなスペックを語るよりも、がん保険がいかに大切で、「加入していると、将来どんな良いことがあるのか」という未来の話を伝えましょう。そのほうが、商品を購入することで得られる価値をイメージしやすくなります。

代表的なものはアフラックのコマーシャルです。がん保険の宣伝ですが、掛け金や保障内容などについて詳しく説明をしているわけではありません。かつてがんを経験した方が、がん保険によっていかに経済的・精神的に救われたか、という体験談を話しています。

今がんにかかっていない人に「がん保険が必要です」と訴えても、自分事としてとらえるのはなかなか難しいでしょう。ですが、実際にがんを経験した人が、自分の体験談を語ることで、「がん保険に入っていれば、もしこの先がんになってしまっても、経済的に安心できますよ」という未来を伝えています。

こうしたストーリーの効果で、がん保険といえばアフラックというイメージがすっかり定着しています。**商品そのものを売り込まずとも、ストーリーを伝えることで、人々の意識に深く残っている**のです。

レシピ

3

みんなと一緒法

ネタ配合比率：「有名人」5割、「（ブランドの）知名度の高さ」3割、「お客様の声」1割、「悩みの共有」1割

あまり良いことではありませんが「赤信号、みんなで渡れば怖くない」といった漫才のネタのように、人は何か行動を起こす時、他人の行動の影響を受ける傾向があります。**「みんながしていることは正しい」という心理的な行動を、「社会的証明の原理」といいます。**これは、販売戦略として広く利用されているものです。

この心理を「ストーリー」として活用できる商品は、ブランド品、有名人と関係の

ある商品、アパレル、宝石などです。

また、**人には「褒められたい・認められたい」という欲求もあります。**

この「承認欲求」という心理を上手く利用して成功しているのが、最近急成長しているブランドバッグのレンタルサービスです。ラクサスのサービスは、月額6800円でハイブランドのバッグを自由にレンタルできるというものです。エルメスやルイ・ヴィトンなど、57種類もの有名ブランドのバックを、ネットで気軽にレンタルすることができます。また、TPOに合わせて何度でも交換が可能です。

一般人にとって、ブランド物のバッグはそう簡単には手が届きません。ましてや、いくつも集めることなんて、夢のまた夢です。ですが、このようなサービスでは、憧れのセレブたちと同じブランドのバッグを「レンタル」で気軽に手にすることができる。誰でもお手頃価格で「憧れのセレブの気分」を味わえる、というストーリーを伝えています。

この手法は、テレビショッピングの現場でも使われています。例えば、QVCでロングセラーのアパレルブランドは、ほとんど女優やモデル、タレントがプロデュースしています。彼女たち自身が、ブランドの看板になっているのです。番組では、商品情報だけでなく、彼女たちが実際に商品開発に携わっている様子や、彼女たちのライフスタイルなどを紹介します。

それによって、「あの洋服を着れば、彼女たちと同じようなライフスタイルを送れるかもしれない」「彼女たちのようになりたい！」という気持ちを、お客様に起こさせているのです。**「憧れの人のストーリー」を伝えることで、お客様の心をしっかりとらえ**、ロングセラー商品としての地位を確立しています。

その中でも代表的なのが岡田可愛《おかだかわい》さんのブランドです。岡田可愛さんは元女優さんで、現在はアパレル関係のお仕事をされています。岡田さんの商品は、画面に映したわずか1分後にはソールドアウトしている、なんてことも多々あります。

人気の秘密は、岡田さんが元女優であるというだけではありません。岡田さんがプロデュースしているブランドは、「年齢とともに体型が崩れてきてしまった」「大きいサイズをお店で購入しづらい」「流行は取り入れたい。でも若い子向けのお店の商品だと体型が合わない」といったターゲットの悩みを解決するように工夫されています。

そして、**最大の特徴は、岡田さん自身が同世代代表として、ターゲットとファッションの悩みを共有していること**です。

「自分も悩みがあったから、その悩みを解決できるように考えて作っています」

「ファッションの悩みを抱えているのはあなただけではないですよ。私もそうです」

「大丈夫。みんな一緒です」というストーリーが共感を呼び、今でも画面に登場するたびに大ヒット商品を生み出しています。岡田さんの場合は、**「集団に所属したい・仲間が欲しい」という社会的欲求も利用している**のです。「みんなと同じ」は、人の心を動かす大きな原動力となります。

レシピ

4

巻き込み実演法

ネタ配合率：「デモンストレーション」6割、「五感に訴える」4割

これは、**実際に商品を使用しているシーンをストーリーにする方法**です。

デパートの一角で、キッチン用品の実演販売をしているところを見たことはありませんか？　売り場の人が切れ味の良い包丁でひたすら野菜を切っている。それを見ているうちに、いつの間にか引き込まれて、なぜだか購入してしまった。そんな経験がある人も少なくないはずです。

日本では江戸時代のころから、化粧品や薬などを実演販売して売ってきました。代表的な「がまの油売り」は、自分の手を刀で切ったふりをして偽の傷に油を塗り、治ったように見せて販売していたそうです。江戸時代の頃から始まった方法が、今でも使われているということは、やはり効果があるからでしょう。

テンポよく商品説明をしながら、ひたすら実演を見せていくことで、商品の効果を疑う気持ちがなくなります。百聞は一見にしかず。人は、自分の目で見たことは信じるものだからです。

この方法が向いている商品は、包丁や、鍋、ミキサー、スープメーカーなどのキッチン用品や寝具などです。「本当は買うつもりがなかった」「家にもあるし、取り急ぎ必要でもない」。そんな商品でも、**何度も実演を見せていくことで、その場の雰囲気に巻き込まれ、購入する理由をイメージさせられてしまう**のです。

この手法で、ついつい私も購入してしまった商品が、快眠博士というブランドのとろけるふとんです。この布団の最大の特徴は、「とろける」という表現がぴったりの、まるで赤ちゃんの肌着のようなしっとり柔らかな肌触りです。

テレビで紹介されていた時は、商品紹介者がショッピングキャスターと共にひたすら布団を触って見せる実演を繰り返していました。画面を通して柔らかそうな感じが分かるように演出されていて、テレビ画面を思わず触ってしまいそうになるほど、「この布団に触ってみたい！」という気持ちにさせられてしまったのです。1枚4万円近いお値段。しかも、布団なんて今すぐ必要なものではありません。にもかかわらず、番組が終わった時には、注文し終わって商品の到着をワクワクしながら待ち望んでいる自分がいました。

とろけるふとんの柔らかさの秘密は、木質パルプを特殊加工して作られた、「スピリオール3D」と呼ばれる植物系再生繊維。シルク糸を作り出す技術を応用して生まれた非常に柔らかい素材とのことですが、テレビショッピングではこうした製品の背景はほとんど語られていません。

「ほかのどの布団にも勝る肌触りの良さ」という「強み」を伝えるには、こうした背景を語るよりも、むしろ「どれだけ柔らかいのか？」ということを延々と実演して見せたほうがより伝わるのです。

食品などもこの方法が良いでしょう。

おいしそうに見える状態を演出して、**五感を刺激するような臨場感を出す**のです。例えば、お肉なら生の状態を見せるよりも、アツアツの鉄板の上でジュージューと焼けている様子を見せるほうが、人々の五感に訴えることができます。

先日、スーパーへ夕ご飯のおかずを買いに出かけました。その日の夕ご飯は焼き魚にしようと決めていたので、迷わず鮮魚売り場でアジの開きをかごに入れて、レジに向かいました。ところが、精肉コーナーに差し掛かった時、試食販売のワゴンに目が留まったのです。販売員さんが料理を作っていて、店内にはお肉がジュージュー焼ける音とおいしそうな香りが広がっています。「お味見していきませんか？」という販売員さんの一言に促され試食してみました。その後、私の買い物かごに、予定外の食材が追加されたのは言うまでもありません。

販売員さんは、素材を調理することでターゲットの聴覚と臭覚を刺激し、さらに「お味見」を提案することで、味覚にも働きかけています。

しかも、それだけではありません。第1章の「ドリルを買う人が欲しいのは穴である」という話を思い出してください。

これはスーパーで買い物をしている人も同じです。つまり、スーパーで買い物をしている人は「お肉」を買いに来ているのではありません。お肉料理の「おいしさ」や、そのおいしい料理を囲んでいる「幸せな家族の食卓風景」を買いに来ているのです。販売員さんはお肉を使って料理をすることで、お肉そのものを売るのではなく、「おいしい料理で楽しい食卓」というストーリーを売っています。

テレビショッピングでも同じです。お肉のように、それだけで美味しそうに表現できる食品はもちろん、そうでない食品の場合も、いろいろな料理を作ってみせたり、料理を囲んで家族団らんする様子を見せたりするなどの工夫をしています。

QVCで開局以来のロングセラー商品として、今も紹介され続けている「千代の一番だし」という調味料のシリーズがあります。鹿児島県産一本釣り鰹の本枯れ節と荒節、九州産のしいたけ、北海道産の利尻昆布などの厳選素材を粉末状にした、だしパックです。

だしなので、お肉のように素材そのものをおいしそうに見せることはできません。そこで番組では、このだしパックを使った様々な料理を次々と見せることで、おいしさを演出しています。調理実演を通して、「このだしを使って料理を作れば、こんなにおいしくなる！」しかも「簡単・便利に、家族みんなが喜ぶ味に仕上がる」というストーリーを伝えているのです。

このように、**素材そのものに関する情報を「ストーリー」の中心にするのではなく、素材を使っているところをストーリーにすることで、商品の強みをターゲットに訴える**ことができます。

レシピ

5

オーナーシップ法

ネタ配合比率：「返品・返金保証」3割、「お試し」6割、「スペック」1割

人は、自分の所有物に対して、それを購入した時以上の価値を感じ、手放したくないという気持ちを持っています。**何か新しいものを得るメリットよりも、今自分が持っているものを手放すデメリットのほうを強く感じる**のです。この心理は**「保有効果」と呼ばれ、モノやサービスを売る時の一つの手法**としてもよく使われています。

オーナーシップ法は、この「保有効果」をストーリーとして伝える方法です。つま

り、一度ターゲットにその商品のオーナー（所有者）になってもらい、商品の価値を高く感じてもらうということです。

テレビショッピングに限らず、通販でよく使われるのが返品・返金保証です。人は一度手にして、ある程度の価値を感じると、それを手放すことに抵抗を感じる傾向があります。テレビショッピングでは、30日間の返品・返金保証期間を設けています。化粧品などは、たとえ商品の蓋をあけて使っても返品可能です。これほど返品しやすい条件になっているにもかかわらず、化粧品や健康食品などの返品率は1桁台にとどまっています。

その他に、代表的なものとしてあげられるのは車です。車の販売店に行くと、お目当ての車を試乗することができます。こうした試乗会も保有効果を狙っているのです。実際に車を自分で運転してみることで、あたかもその車のオーナーになったような気分になってしまいます。すると、**お客様には簡単に手放したくないという気持ちが生まれ、購入に結びつく**のです。

洋服や靴などの試着も保有効果を「ストーリー」にしています。アパレル通販サイトのロコンドは、通販業界の弱点である「手に取って試着できない」という弱点を逆手にとって、急成長しています。「買ってから家で試着して、合わなかったら返品可能」という強みを、ストーリーにしているのです。気軽に注文できるという安心感と、一度手にして感じた商品の価値。こうした「自分のものにしたくなる」顧客心理を上手くつかむことで、売り上げを伸ばしています。

「返品・返金保証をつけることで、売る側が損をしてしまうのではないか？」と思われがちですが、**お客様が商品を「価値あるものだ」と実感した場合は、むしろお客様の心を取り込むことができる**のです。

最近ではペットや家電製品にもこのオーナーシップ法が取り入れられていることがあります。例えば、ペットを飼いたいけれども、ちゃんとお世話ができるか不安な方のために、ペットレンタルサービスを取り入れているペットショップがあります。お店側は、お客様に一定期間ペットを預けて、ペットと生活を共にしてもらいます。お客様は、実際にペットが自分たちの家族になったような感覚で、一緒の時間を過ごすことができます。気に入った場合、お店によっては特別価格で購入することができます。

家電製品のジャンルでは、ダイソンがこの方法を利用しています。ショールームで、実際に商品を目で見て試すことができるのはもちろん、一定期間レンタルすることも可能です。お客様は、気になる商品を実際の生活の中で試すことで、購入すべきかどうかを見極めることができます。

ペットにしろ、家電製品にしろ、**たとえ一時的なレンタルだったとしても、一度自分のものになった商品には、保有効果が生まれる**ものです。レンタルでは飽き足らず、そのまま購入に至る可能性は決して少なくないでしょう。

企業はレンタルのみで終わってしまったとしても、レンタル料を得ることができます。お客様も一度試しているので、納得して購入することができるのです。

ここまでストーリーの作り方の五つの「レシピ」をお伝えしてきました。どのレシピでストーリーを作っていくかは、なにを商品の「強み」として見せるかによって変わってきます。

分かりやすくするために、レシピ別に対応する商品を紹介しましたが、一つの商品につき一つの「レシピ」しかないということではありません。商品によっては複数の「レシピ」を組み合わせて伝えることも可能です。

チェックシート（79ページ）と照らし合わせながら、あなたの商品の強みに合わせて、最強のレシピを探し出してみてください。

第3章

売れる人の「権威性」の作り方

「ストーリー」だけでモノは売れない

これまでの章を通して、モノやサービスを売るためには、商品の「強み」を発見し、「ストーリー」として伝えることが大切であるということをお伝えしてきました。

ですが、モノやサービスを売るためには、それだけでは不十分です。

テレビショッピングのプロデューサー時代に、5000品以上もの商品を世に送り出してきて感じたこと。それは、**売れている商品には必ず「商品の強みを伝えるストーリー」だけでなく、「商品を紹介する人の権威性」がある**ということです。ストーリーと権威性は自動車の車輪のように、お互いが存在しなければその力を十分に発揮できません。

第3章では、この権威性についてお伝えします。

なぜ、モノやサービスを売るのに権威性が必要なのでしょうか？

人の行動には、「権威の法則」があります。人は権威があるものに従うというものです。

子どもの頃、学校では「先生の言うことを聞きなさい」と言われていましたよね？

大人になっても、社長や医者など権威がある人の言うことに沿って行動していると思います。なぜなら、私たちはこうした権威に従うことで、利益を得ることができるからです。

「先生の言うことを聞いていれば、ほめてもらえる」

「上司の指示に従っていれば、昇進できる」

社会において、私たちは権威がある人に従うと、自分にとってプラスになることを、感覚として身に付けているのです。

モノやサービスを売る現場ではどうでしょうか。

営業や販売の現場では、商品を売る人に権威性がなければ商品は売れません。この場合の**権威性とは、商品について語る資格があるということ**です。つまり、**あなたから商品の話を聞いて、お客様が納得するかどうか**という意味です。あなたが十分な権威性を示すことができれば、お客様はあなたの商品を購入してくださるでしょう。

では、どのようにしてお客様に権威性を証明するのでしょうか？

権威と聞いて、すぐイメージするのは「肩書き」のようなものかもしれません。医者や弁護士、税理士など、「先生」と呼ばれる職業の方は、肩書だけで、何かしらの「専門家」であるとすぐに分かります。医者なら「病気」の専門家ですし、弁護士なら「法律」の専門家です。専門家であることで権威性を証明しています。

同じような内容の商品でも、「医者が開発したダイエット食品」や「税理士が教える節税対策セミナー」なら、その効果に対して疑問を持たないと思います。肩書きが持つ権威性はお客様を納得させる、強烈なパワーを持っています。

とはいえ、ほとんどの方はこのような肩書きを持っていないでしょう。

それでも、権威性を示すことは十分に可能です。**権威性を示すために、国家資格のような肩書きが必ずしも必要というわけではない**のです。

もしあなたに分かりやすい肩書きがない場合は、**違う方法で専門家であることを示せば良い**のです。

例えば、風水や占い、美容院などは、提供しているサービス自体に極端な独自性はありません。美容院のサービス内容は「髪を切ったり染めたりする」ことであり、それはどの美容院でも同じように行われています。

ですが、同じようなサービスなのにもかかわらず、流行っている美容院とそうでない美容院は存在します。その差が生まれるのはなぜでしょう?

カリスマ美容師と呼ばれる人がいるように、売れている美容院はサービスを行っている人そのものが売れているのです。売れている美容師は、カットの技術が優れているだけでなく、カット後の手入れが楽になるようなアドバイスや、お客様を楽しませる会話をしたり、お手本としたくなるようなセンスの良い服装を心がけたり、それぞれ他にはない独自の強みで「専門性」をアピールして、売り上げを伸ばしています。

商品を売るための「権威性」とは

モノやサービスを売る人は、どのように「専門性」をアピールすれば良いのでしょうか。

その答えは**「パーソナル・ブランディング」**にあります。

ブランドというと、ルイ・ヴィトンやエルメス、カルティエ、といった高級ブランドを思い浮かべると思います。一流のブランドは、その名前だけで他を圧倒するような力を持っています。このように、ブランドの力を作り上げて広める活動を「ブランディング」といいます。

最近では、モノやサービスのブランド力だけではなく、「商品を売る人のブランド力」を高めることが重要になってきています。「時計と言えばカルティエ」「バッグと言えばルイ・ヴィトン」などのように、**「○○と言えばあなたが一番だ」と言われる**

ことが、あなたのブランド力を高めるということです。「○○」の部分には、あなたの商品が入ります。つまり、**自分の商品に対する専門性を示すことが、あなたの「権威性」を高めることにつながる**のです。

パーソナル・ブランディングが重要視されるようになった背景には、情報化社会で、誰でも気軽にSNSを通じて情報を発信できるようになったことがあるでしょう。インフルエンサーと呼ばれる人たちは、発信する情報の内容や手段を巧みにコントロールすることで、自分のイメージを作り上げ、ファンを増やしています。知識や情報を商品にしているセミナー講師なども、自分自身の専門性を発信することで、より多くの人の心を取り込むことができるでしょう。

パーソナル・ブランディングは、モノやサービスを売る人であれば誰でも必要です。とはいえ、世間のすべての人に「○○の専門家はあなただ」と認識してもらう必要はありません。**あなたの商品のターゲットから支持されれば十分**です。

商品を売る人の権威性を高めるパーソナル・ブランディングは、次のポイントを洗い出し、磨いていきます。

①経歴や実績
②見た目

これらのポイントについて順に説明していきます。

プロフィールで「専門性」をアピールせよ

あなたがある商材の購入を検討している時、同じような商品を扱っている2人の営業マンがいたとします。Aさんは、ただ商品を売っているだけの営業マンです。一方、Bさんは自身もその商品の愛用者であり、販売活動だけでなく、商品を広めるために全国で毎日セミナー活動も行っています。

さて、あなたはどちらの営業マンから買いたいと思いますか？

多少値段がAさんのものより高くても、迷わずBさんから買う人が多いはずです。なぜなら、AさんよりもBさんのほうが「専門性」を感じられるからです。AさんとBさんはどちらもいわゆる国家資格を持つ専門家ではありません。ですが、Bさんは、**経歴や実績から「商品についてなんでも知っている」という専門性**が感じられます。

専門性をアピールするということは、ターゲットに対して「私は商品に関する知識を持った専門家である」と、自己PRをすることです。

就職活動では、入社を希望する会社に、自分のプロフィールを示し、「自分の強みが、どのように御社の役に立つのか」をアピールしたと思います。

商品を売る時は、商品のターゲットが面接官だと思ってください。「なぜ自分がその商品について語れるのか」「どんなお役に立てるのか」ということをアピールしていくために、**あなたの専門性を示すプロフィールが必要**になります。

あなたが**これまでの人生の中で得てきた経験やスキルなどに、専門性を表す「強み」が隠れている**はずです。いま一度これまでの人生を振り返り、強みを洗い出し、商品に結び付けてまとめてみましょう。第2章ではターゲットや商品に対してインタビューを行い情報をひき出しましたが、今度は自分自身にインタビューして、強みを探していきます。

まずは、5W1Hで自分の経歴を整理しましょう。

▼Where（どんな会社で）
▼What（何を扱ってきたのか）
▼Who（どんな人と関わったのか）
▼When（いつからそれをはじめたか）
▼Why（なぜその商品やサービスを売ってきたのか？　何のために？）
▼How（どのようにして仕事を進めてきたのか）

次は、経歴の中から「好きで情熱が湧くこと」「身に付いたスキル」「最大の成果」「克服してきたこと」などを思いつくままに箇条書きにします。

最後は、それらに関する具体的なエピソードを加えてまとめていきます。**実績などは数字や社名、賞などの固有名詞を使って、具体的に表すと「強み」が伝わりやすくなります。**

例えば、私のプロフィールは次のようなものになります。

―― 例：プロフィール ――

大学卒業後、TBS系列東北放送に入社。入社1年目から報道番組キャスターに抜擢《ばってき》される。一般人から著名人、政治家など、のべ1万人にインタビューし、「コミュニケーション術」と、強みを引き出す「取材力」を習得。

その後、フリーアナウンサーとして活躍。フジテレビ、FM NACK5、ラジオNIKKEI、FM愛媛、南海放送などでニュースアナウンサーやナレーター、インタビュアー、ラジオパーソナリティーを務める。

QVC入社後は学生時代に得た自己PRのノウハウ、アナウンサー時代に培った取材力とコミュニケーション力を生かし、化粧品から家電、アパレルなど様々なジャンルにおいて5000品以上もの商品を世に送り出す。

1時間で50万円売れれば良しとされていた時代に、ある美容商材で1200万円売り上げ、ベストセラー賞を受賞。

独立後も自社取り扱い商品はすべて大ヒットさせる。

確実に顧客の共感を生む商品PR（ストーリー戦略）を得意とし、ついには3時間半で1億5000万円、6000人の心を動かす大ヒット商品（化粧品）を生み出すことに成功。

数々のヒット商品を生み出す中で、「商品が良いのは当たり前。売れる商品にはお客様が腑に落ちるストーリーと商品紹介者の権威性が必ず存在する」ということを学び、現在は少しでも多くの「素晴らしい商品」を世に出したい！　との願いから、億を生むストーリー戦略の組み立て方と強みの魅せ方のノウハウを広めるべく全国でセミナーを展開中。

実際の営業や販売の場で、ここまで長いプロフィールを提示する必要はないかもしれません。ですが、このようなプロフィールがあれば、営業先のお客様へＡ４用紙にまとめて渡したり、店舗スタッフの名札に簡単な紹介文を入れたり、様々な形で活用することができます。

お客様は、「タダの人」の話には興味がありません。「この人はスゴイ。信頼できる！」という人の商品だからこそ購入するのです。

プロフィールを作る時は、自分目線だけでなく、他者の目線から見てもらうことをお勧めします。なぜなら、自分ではたいしたことがないと思っている実績であっても、他人からすれば「スゴイ！」と感じることもあるからです。今まで自分では気が付かなかった、新たな強みを発見できるかもしれません。

人の第一印象は2秒で決まる

権威性を示すのに、プロフィールと同じぐらい重要なのが「見た目」です。

「人は見た目が9割」という言葉を耳にしたことがあるかと思います。

アメリカの心理学者アルバート・メラビアンが導き出した、「メラビアンの法則」によると、人が他人から受け取る情報のうち、印象に残る割合は「話す内容」7%、「見た目・しぐさ・表情」55%、「話し方・声のトーン」38%。つまり、話している内容がどんなに素晴らしくても、話をしている人の見た目が内容にふさわしくなければ説得力がないということです。

経歴・実績などのプロフィールは、「過去の自分」ですので、変更することはできません。ですが、見た目は今からでも、効果が出るよう工夫することができます。

また、人は容姿や学歴、年収などの分かりやすい特徴をもとに、性格など本来なら直接関係のないことを判断してしまうことがあります。

そのような心理作用は「ハロー効果」と呼ばれます。ある対象を評価する時、見た目や服装などの目立つ要素に引きずられて、対象をポジティブまたはネガティブにゆがめて判断してしまうのです。ハローとは、イエス様の頭上などに描かれる後光のことで、「後光効果」などとも呼ばれています。ハロー効果を起こしやすいのは、見た目や肩書き、話し方や声などです。

人の第一印象はたったの2秒で決まってしまうといわれています。その一方で、一度付いてしまった印象を覆すためには半年以上もの時間が必要なのです。ですから、見た目の印象を良くすることは、商品を売る人にとって、売り上げを上げるための必須項目ともいえます。

とはいえ不安になることはありません。たとえ今のあなたに肩書きや実績、経験がなかったとしても、この**ハロー効果を上手く使うことで、相手に「権威性」を感じさせることができる**のです。

ここからは、権威性を高める見た目の作り方についてご紹介していきます。

全身白スーツの銀行員に
お金を預けられるか？

モノやサービスによって、説得力のある「見た目」は異なります。

数年前に大ヒットしたロングブレスダイエットを覚えていますか？
俳優の美木良介《みきりようすけ》さんは、長年悩まされてきた腰痛を、ロングブレスという呼吸法で克服しました。それだけでなく、腹筋が割れるほどのスリムで逞《たくま》しいスタイルを得ることにも成功し、ダイエット本を出版。ベストセラー商品となりました。美木さんの権威性は「呼吸法で得た美しいボディー」と「50代（当時）とは思えないほどの健康的な若々しさ」です。

こうした見た目の説得力が必要なのは、美容のジャンルだけではありません。
例えばテレビショッピングで食品を紹介する時、材料にこだわりがある場合は、必ず生産者の顔が見えるようにしています。生産者の方に番組で商品の説明をしていただくのがベストです。それが叶わない場合は、写真やビデオなどで、商品を生産している様子などを流して、どんな人なのかを見せていきます。

しかも、その際はスーツなどのパリっとした服装ではなく、普段作業をされている時の格好で登場していただいています。さすがに泥や汚れがついた状態ではないですが、いかにも農家さん、いかにも漁師さんという見た目のほうが、「権威性」を感じられるので説得力があります。

食品はお客様の口に入るものです。こうした生産者のありのままの姿を見せることで、その食品に対するこだわりや安全性を示すことができます。スーパーの産地直送野菜の販売コーナーに、生産地や生産者の名前や写真が記載されているのも、同じような理由です。

金融機関の場合、会社によっては、スーツからネクタイの色に至るまで細かな服装の決まりがあるそうです。金融機関は信用第一。上下白スーツに黒のワイシャツ、赤いネクタイといった「ちょっと怪しげ」な服装の銀行員に、大切なお金を預けたいとは誰も思わないでしょう。銀行員の権威性は「信頼感」。そのためには、清潔感のある、きちんとした見た目である必要があります。

見た目の説得力は、ユニフォームなどにも表れます。

病気について説明を受ける時、私服のお医者さんよりも白衣を着ているお医者さんのほうが、説得力があります。注射をされる時、私服の看護師さんよりも制服を着ている看護師さんのほうが安心感を持てます。ユニフォームによって、見た目から権威性を感じられるからです。

お客様は商品の説明を聞いて納得できるどうか、あなたの見た目に権威性があるかないかで判断します。 モノやサービスに合わせて、あなたの権威性をアピールすることはとても大切なことなのです。

化粧品を売る人は「若い」方が良い？

同じジャンルの商品でも、ターゲットによって「見た目」を変える必要があります。私の会社では、自社商品だけではなく、他社商品もテレビショッピングに売り込んで販売することがあります。打ち合わせの時に、特に美容系商品のバイヤーからは必ずと言って良いほど、商品紹介者の見た目について聞かれます。なぜなら、化粧品の場合、商品を説明する人の見た目が「キレイ」でないと、説得力がないからです。

この「見た目がキレイ」とは、顔の造作などではなく、キレイな肌の状態であるということです。若返りをうたうアンチエイジング化粧品の説明をしている人の肌が、シミ・シワだらけ、たるんでいたらどうでしょうか？　いくら声高に「この化粧品はこんなに素晴らしいのです」とストーリーを語っても、「では、なぜあなたは使っていないの？」「使っていてこのお肌なの？」と思われてしまうでしょう。

数ある化粧品の中から選んでいただくためには、お客様が「自分の肌が理想の状態に変わる」ということを確信できなければなりません。その**確信のポイントが、商品を売る人の「権威性」**です。それが、化粧品の場合は、商品を売る人の見た目、つまり「肌」なのです。

テレビショッピングからスタートして、今や全国的に有名になった化粧品、クリスタルジェミーの中島香里《なかじまかおり》さんは、「私が証明です」というキラーフレーズで、数々の大ヒット商品を生み出しています。中島香里さんの権威性は、透き通るような白いお肌。「私が証明です」と言い切れるほど、見た目に説得力があります。

ただ、化粧品は「肌がキレイ」というだけでは売れません。化粧品を売る人に肌のキレイさだけを求めるなら、20代の若い女性を採用すれば良いことです。ですが、テレビショッピングの場合、特に化粧品のカテゴリーでは、まず採用されません。なぜなら、商品のターゲット層と合わないからです。

例えば、ジェロビタールの場合、商品説明者として採用されたのは当時50代後半だった私の母でした。この化粧品の効果は、アンチエイジング。ターゲットは50代以上で、「若かった頃の肌を取り戻したい」と思っている女性です。いくら肌がキレイでも、20代の人が説明していたら全く売れなかったでしょう。50代以上の女性からすると、その人の肌がキレイなのは「若い」からであって、商品を使ったからではない、と感じてしまうからです。ジェロビタールを売る人の権威性は、見た目が実年齢よりもずっと若々しく見えるということがポイントだったのです。

私自身も、販売プロデュースの傍ら、自ら開発したオリジナル化粧品の販売のため、商品説明者としてテレビショッピング番組に出演したことがあります。当時私は30代前半でした。すると、担当バイヤーから「もっと年齢が上に見えるようにしてほしい」と言われました。そこで、服装から髪形まで、実年齢よりプラス5歳以上は「老けて」見えるような工夫をして放送に臨むようにしたのです。

このように、説得力のある見た目はターゲット目線で考える必要があるのです。

見た目は「ターゲット目線」で設定する

商品を売る人は「見た目」が重要。

「ということは、やはり美男美女でないと売れないのだろうか？」という疑問が湧いてくるかもしれません。確かに、営業マンや販売員の方がイケメンや美人だと、プラスの印象を与えることが多いかもしれません。ですが、整った容姿が逆効果の場合もあります。

「これだけのイケメンだから女性にモテそう。遊び人なのかしら？」

「キレイに整った顔で、ツンとしてそう。高飛車な人かもしれない」

このように、ハロー効果がマイナスに働くことも十分に考えられるのです。

商品を売るために重要な見た目は、「顔の良し悪し」ではありません。「商品のターゲットにどんな印象を与えるか」が大切なのです。ターゲットがあなたから商品を購入する時のポイントは、あなたに商品を語る資格があるか。つまり、あなたに「権威性」を感じられるかどうかです。**どんな見た目なら説得力があるか、ターゲットの視点で考え、目標を設定**していきましょう。

例えば、あなたの商品が金融商品なら、見た目の目標は「信頼感」「安心感」です。ダイエット食品なら「健康的な印象」や「スリムな体型」でしょうし、会員制のゴルフクラブの会員権の営業マンならば、「高級感」や「重厚感」を醸し出すとより説得力が増すでしょう。

家電製品ならば、ターゲットのファミリー層に合わせて「親しみやすさ」や「物知り感」を出すようにします。

▼清潔感
▼気さくさ
▼自信
▼感じの良さ

▼誠実感

▼ウソをつかなさそうな印象

この他にも、生まれ持った容姿ではなく、あなたの商品のターゲット目線で、権威性につながるような見た目を探し、目標に設定しましょう。

印象をガラリと変える「表情」のコツ

人の「見た目」の中でも、顔は相手に大きな印象を与える部分です。顔の表情によって、見た目の印象はガラリと変わってしまいます。

「目は口ほどに物を言う」といわれるように、**顔の中でも特に、目は様々な感情が表れやすいパーツです。見た目の説得力を高めるためには、目の動きに注意**が必要です。

例えば説明をする時に時折天井を見上げたり、キョロキョロと落ち着きなく目線を動かしたりしてしまうと、「自信がないのかな」と思われてしまいます。

説明をする時は、基本的に相手と目を合わせること。ただし、日本人は普段あまりガッツリ目と目を合わせて会話をする習慣がありません。大勢の前で話をする時は、一人一人に対して順番に目を合わせていくと効果的ですが、**一対一の場合、あまりにも相手の目を凝視してしまうと、威圧的な印象を与えてしまいます。**そんな時は相手の目と目の間あたりをなんとなく見る感じにして、少し視線を和らげると良いでしょう。

また、**親しみやすさを打ち出したい場合や、大勢の前で緊張してしまっている場合などは、相手を大好きな人に置き換えてみてください。**大切な家族や、恋人、飼っているペットなどでもＯＫです。その人たちやペットに対して、いつも向けているまなざしで話すと、目の表情が和らいで「親近感」が増します。

アナウンサーはこうした目の表情を上手く変化させながらニュースを読んでいます。明るい、楽しい話題のニュースの時には、大好きな人を見るような柔らかな目線でテレビカメラを見つめます。逆に事故や事件などのニュースの時は、少し厳しい目線でカメラを見つめながら伝えています。

目線一つとっても上手に使い分けることで、相手に対して様々な印象を与えることができるのです。

魅力度が上がる「4の笑顔」

第一印象は人間関係でも、ビジネスにおいても重要なものです。では、どうしたら第一印象を良くすることができるのでしょうか?

その**最強アイテムは「笑顔」**です。ここでは、私が話し方のセミナーなどでも教えている、「笑顔」の作り方をご紹介します。

人の笑顔は、図のように3種類あります。

①0の笑顔
②4の笑顔
③8の笑顔

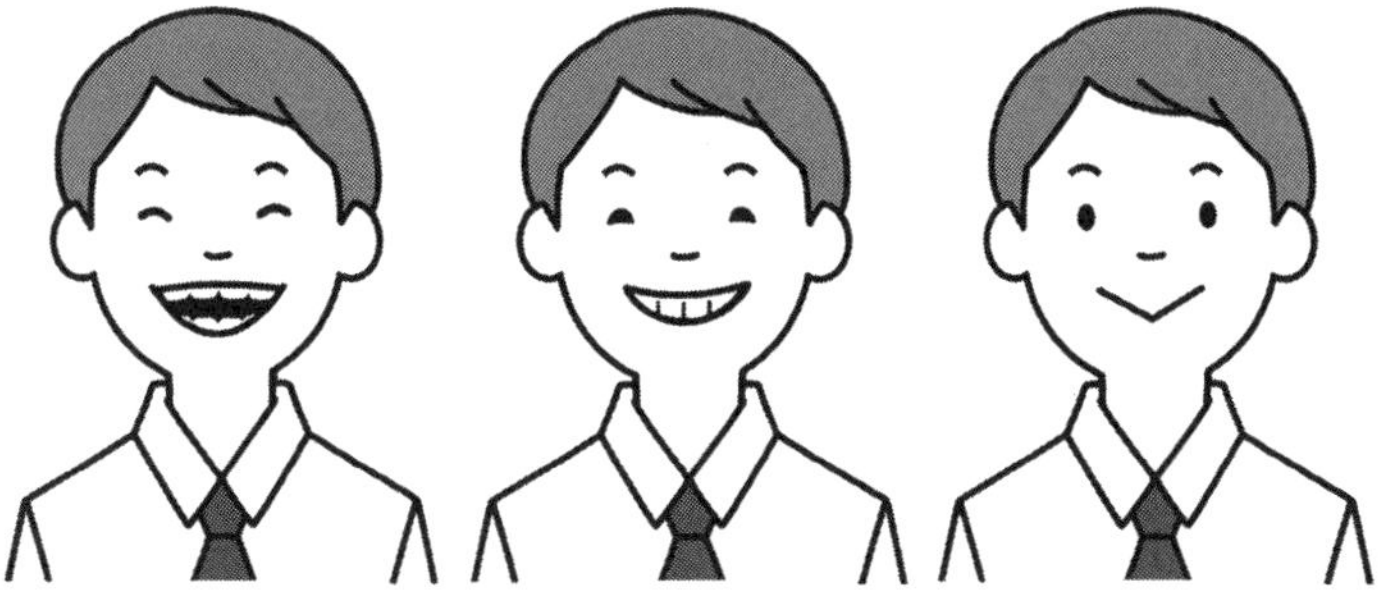

①0の笑顔　②4の笑顔　③8の笑顔

0、4、8とありますが、これは**「笑った時に相手から見える上の歯の数」**です。

「0の笑顔」は、歯がみえません。口を閉じた状態で口角をキュッとあげます。**笑顔というよりも、微笑みというイメージ**です。

相手の話を聞く時に、この0の笑顔を作ると、相手に「あなたの話を聞いていますよ。あなたに共感していますよ」という印象を与えることができます。ターゲットへインタビューする際は、話を引き出すために、この笑顔を意識しましょう。

ただ、気を付けなければならないポ

イントが一つあります。0の笑顔の場合、**口を閉じているので、口角を上げないと無表情に見えてしまう**のです。ですので、この笑顔の時は「結構大げさかな？」と思うぐらい口角を上げることが大切です。

「8の笑顔」は、**笑顔や微笑みというよりも、大爆笑のイメージ**です。口が大きく開き、上下の歯がたくさん見えている状態です。豪快で、とても明るい印象の笑顔です。ですが、**少しやり過ぎている印象を与えたり、ふざけているように見えたりする**場合があります。親しい友人との会話でなら問題はありませんが、ビジネスで特にかしこまったシーン、初対面のクライアントや取引先との商談などには不向きです。

最後は「4の笑顔」。確実に上の前歯が4本見えるように口を開け、なおかつ口角を上げて笑います。人によっては6本歯が見えるかもしれません。この**4の笑顔が、一番印象が良く見える笑顔**です。アナウンサーが、人の前で話をする時やテレビに出る時、写真に映る時は必ずこの笑顔を心掛けています。初めて、クライアントやターゲットに会う時、自己紹介をする時、就職面接などのシーンでは、この笑顔を意識しましょう。

特に私たち日本人は、外国の方と比べると顔の表情が乏しくなりがちです。私が行っているセミナーでは、小学生から社会人まで幅広い年齢の方の笑顔を拝見していますが、大人になるにつれて、自然な笑顔ができなくなってしまう方が多いようです。自分では笑顔のつもりでも、鏡で見ると、驚くほど無表情という場合が圧倒的に多いのです。

大切な場面で4の笑顔でいるためには、普段から意識してトレーニングを行う必要があります。周りに人がいると恥ずかしさもあってやりにくいかもしれません。自宅など他人の目が気にならない環境で行うことをお勧めします。

まず鏡の前に立ち、笑顔を作ってみましょう。自分が普段している、自然な笑顔の確認をします。次は普段の笑顔よりも、2割増しで口角を上げることを意識して、上の歯が4本見えるように4の笑顔を作ります。

口角が上がりにくいと感じたら、割りばしを使ったエクササイズをやってみましょう。鏡の前で、割りばしを横にして上下の前歯だけでくわえます。その状態で、くわえた割りばしより上に口角を引き上げます。かなり意識して口角を上げるように練習しましょう。最初のうちは思うように口角が上がらない方もいるかもしれません。ですが、毎日やっていくうちに楽に上がるようになります。

この2つのトレーニングの時に、**気を付けたいのは「目の表情」**です。口角を上げて4の笑顔が作れていても、目が笑っていなければ印象の良い笑顔にはなりません。ほんの少し目じりを下げて、柔らかな印象の目元にすることも意識しましょう。

どちらのトレーニングも、ほんの1分ぐらいで十分です。できれば毎朝鏡を見る時に、心がけてみてください。練習を重ねていくと、気付けば意識しなくても自然な笑顔を作ることができるようになります。

「色」のパワーで、忘れられない人になる

服装も、説得力を高める「見た目」に欠かせないポイントです。

私はこれまで、アナウンサー時代やQVCのプロデューサー時代を通して、様々な方にお会いし、インタビューをさせていただく機会がありました。そこで気付いたことは、やはり「できるビジネスパーソンほど服装にも気を使っている」ということです。**服装はビジネスの世界において、「権威性」を高めるのに効果的なアイテム**の一つです。

ビジネスパーソンの服装として、代表的なものは「スーツ」です。ですが、スーツであればどんなものでも良いというわけではありません。モノやサービスの内容、ターゲットの目線などを考慮した上で、形や質感、色などに気を配る必要があります。

ビジネスシーンでは、「若々しさ」はマイナス要素になることがあります。どんなモノやサービスであれ、**ターゲットからすれば、「新人」に権威性を感じることはできない**からです。特に高級外車や、宝石、金融関係など「豪華さ」や「重厚感」「ラグジュアリー感」のあるモノやサービスの場合は、ターゲットに「信頼感」や「誠実さ」「安定感」を与えるような服装が良いでしょう。落ち着いた色味の質の良いスーツやネクタイなどで、ベテランの雰囲気を出すことを意識しましょう。

ポイントは「色」です。**色が濃いほど権威や信頼感を表す**とされています。それぞれの色によって、相手が受ける印象が少しずつ変わります。

▼ネイビー

ネイビーは「スーツといえばこの色」というイメージが強く、定番の色です。アメリカの大統領の勝負服が、ネイビーのスーツに赤いネクタイというスタイルであることからも分かるように、もっともパワーのある色といえます。ですが、フレッシュで若々しいイメージもあるため、若い男性が着る場合は、リクルートスーツのような印象を持たれないようにすることも必要です。

▼グレー

特にチャコールグレーのような濃いグレーには、落ち着いたイメージがあります。年齢よりも上に見えるので、新人の営業マンや販売員がベテラン感を出したい時などにこの色のスーツを着ると効果的です。

▼ブラック

ブラックには、真面目さや誠実さ、洗練されたおしゃれなイメージもあります。どんなシーンにも合わせやすいという特徴があります。ですが、キリッとした印象が強いだけに、ワイシャツなど他のアイテムもブラックにしてしまうと相手に威圧感を与えてしまいます。

▼ブラウン

ブラウンは木や土の色を連想させるため、温もりや安心感、歴史や伝統を感じさせる色です。リラクゼーション施設や旅館、伝統工芸品など、温もりや歴史を感じさせるモノやサービスなどに向いています。

このように、色によって相手に与える印象が変わってきます。あなたの商品が持つイメージに合わせて色の力を味方につけましょう。

男性の場合、スーツのほか小物も権威性を高める効果があります。**特に、相手の目に留まりやすいのは「時計」と「靴」**です。

何十万、何百万もする高級時計である必要はありませんが、できればデジタルのものでなく、アナログ時計のほうがビジネス向きです。パッと見た時に時刻が分かりやすい他、アラームなどの余計なデジタル音がしないというメリットもあります。

靴も、意外と見られています。銀行マンは、商談相手の服装、特に靴を見て融資をするかどうかの判断をしているそうです。ポイントは、靴底がすり減っていないか、つま先部分が汚れていないかなど、キレイにメンテナンスをしているかどうかです。**靴を見ればその人がどれだけ見た目に気を使えるかが分かってしまいます**。ビジネスシーンに、スニーカーなどは言語道断。きちんと手入れの行き届いた黒の革靴は、できるビジネスパーソンの定番アイテムです。

女性の場合、ダークカラーのスーツを着用してしまうと、「リクルートスーツ」のように見えてしまいがちです。就職活動では「没個性」が求められる場合が多いかもしれませんが、**ビジネスの現場では「自分」の価値や権威性が求められます。**

業種によって制限がある場合は仕方がないかもしれませんが、その場合はスカーフをプラスするとか、ブラウスの形などで見せ方を工夫したほうが良いでしょう。

例えば同じ白いブラウスでも、普通の形の襟だとリクルートスーツ感が出てしまいますが、フリル状の華やかな襟のものにすれば、エレガントで大人の印象になります。

そのほかシンプルなカットソーの場合は、鎖骨がキレイに見えるような適度な開き具合のものを選ぶときちんとした感じが増して見えます。また、明るめの華やかな色を、イメージカラーとして活用するのも効果的です。

私の母がショップチャンネルに出演していた時は、毎回ロイヤルブルーの衣装を身に着けていました。ロイヤルブルーが、彼女の肌をよりキレイに見せてくれる色だったのです。

それだけではなく、毎回その色を身に着けることで、テレビを見ているお客様に覚えていただける、という効果もありました。電話で注文をいただいた際に、お客様が商品名を忘れてしまっていても、「ロイヤルブルーの社長さんの商品ね」といったように、色で思い出していただくことも多かったのです。

このように、**色の持つイメージを効果的に活用して、印象を高めていく**こともお勧めです。自分を魅力的に見せるにはどんな色や、スタイルの衣装が良いのかというところまでこだわって考えてみましょう。普段から、カラーコーディネーターなどに似合う色合いなどをチェックしてもらうのも良いと思います。

世界のVIPも注目！ 意外と侮れない「肌」の効果

営業マンとして**売り上げを上げていきたいのであれば、「肌」にも気を配る**必要があります。

女性に比べると、男性はあまりスキンケアを重要視していない方が多いようですが、実は男性のほうが、モノやサービスを提供する場において、「肌のキレイさ」の効果をより感じられるのです。特に、女性向けの商品を取り扱っているのであればなおさらです。「私は男性なのでそこまで肌に気を使わなくても大丈夫です」という方がいらっしゃいますが、それは大きな間違いです。

例えば、最近大ブレークしている、ホストのローランドさんをご存じでしょうか？「お酒を飲まない、お客さんに媚びない」というホスト界の常識を覆す行動で、人気を博していますが、それだけが彼の「強」みではありません。

彼の強みは「徹底的な美意識の高さ」。そのこだわりは、「美意識の低い男には消費税を15％にする法律があると良いと思う」という発言も飛び出すほどです。「美しく」お酒を注ぐために、お客様の視線が集まる手の甲の肌にまでこだわって、手のスキンケアを定期的に行っているという徹底ぶりです。

その他、出勤前にジムに通って美しいボディーラインをキープしているなど、女性以上の美意識の高さで、自分という商品の見た目をとことん磨き上げています。そんな美しさへのこだわりも、彼の人気の理由の一つといえるでしょう。


肌は、顔の大部分の面積を占めています。**いくら服装や顔の表情などに気を使っていても、吹き出物が顔中にあったり、年齢の割にシワが多かったり、肌トラブルが目立っていたりすると、ターゲットの注意がそちらに向いてしまいます。**

また、肌が汚いと「不健康」に見えたり、「不摂生をしている人」という印象を持たれたりしてしまいます。

ジェロビタールの故郷ルーマニアには、国営の若返り治療施設があり、1〜2週間の若返り治療が受けられるコースがあります。

実は、そのコースの利用者は男性が多いのです。しかも、大統領やハリウッドスター、政治家などの名だたる超VIPたちがこぞって訪れていました。その中には日本を代表する政治家も名を連ねています。こうした超VIPの男性が足しげく通ったのには訳があります。

それは、「**見た目が仕事上の命運を左右する**から」なのです。政治家は、肌つやが良く、若々しくはつらつと見えたほうが、信用されます。俳優や女優もシワのない美しい肌を持っていたほうが、仕事が来ます（おじいさんやおばあさん役としてご活躍されている方もいらっしゃいますが）。どんな職業であれ、見た目、特に肌がキレイな状態はとても大事だということが分かります。

一所懸命頑張って営業しているのに、なぜか契約が取れない。売り上げが上がらない……。こんな風に感じているならば、まずご自分の肌を再チェックしてみましょう。

第4章

お客様の不安をなくす「伝え方」

ただストーリーを「伝える」だけではダメ

ここまでこの本を読み進めていただいたあなたは、ご自分のモノやサービスを売るための「ストーリー」や、「権威性」の大切さをご理解いただけていると思います。

ですが、実はその二つの条件が揃っているだけではまだ完璧ではありません。

商品を売るためには、お客様の方から「欲しい！」と言っていただけるぐらい、相手の心をがっちりとつかむ必要があります。ストーリーと権威性が揃っている状態で、8割方はお客様の心をつかんでいると思ってください。「8割あれば十分なのでは？」と、思ってしまうかもしれませんが、残りの2割にまで気を配ることで、あなたの商品の売り上げが変わります。

あとの2割とは、「伝え方」と「クロージング」の力です。クロージングとは商談でお客様と契約を結ぶことや、販売の場で商品と代金の受け渡しを完了することです。

あなたにはこんな経験がありませんか？

新規のお客様のところへ行って、自分の商品の良さをしっかりと伝えた。でも、売れなかった……。取引先で自分が伝えたいことを思いっきりアピールした。でも、契約には結びつかなかった……。あれだけ頑張って伝えたのに、なぜ売れなかったのか？　確かにあなたの情熱はお客様にも伝わっているかもしれません。ですが、それだけではモノやサービスは売れないのです。ただ一所懸命に伝えるだけでは、「へー。そうなんだ。良い情報をありがとう」で終わってしまいます。

自分の伝えたいことを分かりやすく伝えることが「ゴール」ではないのです。**お客様が「欲しい！」と思うように伝えることが「ゴール」**なのです。

さらに、問題はそれだけではありません。あなたは、**お客様に対して「最終的にどうしてもらいたいか」を伝えましたか？**

その商品を購入してもらいたいのか？

次のセミナーに申し込んで欲しいのか？

購入検討のための会議にかけてもらいたいのか？

見積もりを申し込んで欲しいのか？

もしかしたら顔や言葉に出していないだけで、お客様は購入や申し込みを迷っていたのかもしれません。そんなお客様がきちんと納得して購入できるようにクロージングをしましたか？

「営業成績を上げたい！」「クロージング率を上げたい」ならば、ただ伝えるだけでは不十分です。

売れる「伝え方」には型がある

先ほど、お客様に「欲しい！」と思ってもらえるように伝えることが必要だと述べました。分かりやすい伝え方にはいくつか「型」があります。5W2H、ナンバリング話法、主題・話題・主張法、AIDMA（アイドマ）の法則など……。プレゼンテーション手法を学んだことのある方なら耳にしたことがある内容ではないでしょうか。どの伝え方も、分かりやすく伝えるための効果的な方法ではあります。

ですが、お客様の方から「欲しい！」といってもらう伝え方の型は、そのいずれにも当てはまりません。

「売り上げが上がる伝え方の型」とは、次のようなものです。

①ターゲットの悩み

②解決策（お勧めの商品）
③ストーリー（根拠など）
④未来
⑤行動を促す

化粧品を例にして、この順番に沿って伝えていくとどうなるか見てみましょう。

――例：化粧品――

①こんなお悩みありませんか？
②そんなあなたには◯◯がお勧めです。
③なぜなら◯◯は長年の研究の結果、お悩みを解決するために開発されたからです。
実際に女優のAさんなど、セレブも愛用しています。
リピート率9割！　みなさん効果を実感されています（ここは「ストーリー」の部分にあたります）。
④◯◯を使うとこんな風になります。

⑤本日限りのお値段。１００セットの限定販売です。今すぐお電話ください。

実はこれは、テレビショッピングではおなじみの商品紹介の流れなのです。テレビショッピングでは、5分番組であろうと、1時間番組であろうとすべてこの型で番組が構成されています。QVCやショップチャンネルなど、放映時間が長い番組の場合は、一連の話の流れを10分ぐらいにまとめ、それを繰り返し伝えています。なぜこの順番で伝えるかというと、単純に売れるからです。この流れで伝えると、画面にくぎ付けとなり、「知らず知らずのうちに電話に手が伸びる……」といったように、お客様が自ら行動を起こしてくれます。

テレビショッピングでは、買う気が全くなかったのになぜか購入していた、という「テレビショッピングマジック」がよく起こります。

私の会社でも、他社商品の研究のために、毎日テレビショッピングの映像が流れていますが、ミイラ取りがミイラになってしまうような状態に陥ります。しかも、この方法はテレビショッピングのみ有効なのではなく、どんな業界でも使うことができます。

通販サイトの紹介ページなどを見ると、この伝え方の「型」に沿って構成されています。

モノだけではなく、セミナーなどのサービスにも応用することが可能です。

私は商品・自己PRプロデューサーとして、「売れる伝え方」のセミナーを行っています。このセミナーを前述の伝え方の型にあてはめて伝えると、次のようになります。

――例：セミナー――

①「今よりももっと商品を広げたい」「なかなか商品の良さが伝わらない」とお悩みではありませんか？

②私はそのような経営者様・オーナー様向けに、言葉の力で売り上げアップのお手伝いをしています。具体的には、商品の「強み」を発見し、お客様に「欲しい！」と思ってもらえるような商品ＰＲの作り方のノウハウを、セミナー形式でお伝えしています。

③これまでに、商品の強みから売れる「ストーリー」を作り上げ、テレビショッピ

ングで3時間半に1億5000万円売り上げたり、年間3000万円程度しか売れていなかった美容商材を50倍の売り上げにしたり、1本3000円のハブラシを、たった1時間で4000本販売したこともあります。

④私のセミナーを受講すると、お客様から「欲しい！」と言ってもらえる商品PRが完成し、売り上げが上がります。

⑤受講料はお1人2万円。きめ細かなフォロー体制でサポートさせていただきたいので、今回は10名限定でのご案内です。本日限りの特別価格です。今すぐお申込みください。

募集人数や受講料、内容などは実際のものとは若干違いますが、毎回このような形で、ターゲットに呼びかけていて、多くの方にご受講いただいています。

これまで「良い情報をありがとう」で終わっていた方は、この型に沿ってストーリーを伝えてみましょう。同じ内容のストーリーでも、「是非使ってみたい！」「欲しい！」にお客様の気持ちが変わるはずです。

デメリットをメリットに変える「サンドイッチ方式」

セールストークは商品のメリットを伝えるものだ、というイメージが強いかもしれません。

確かに、「デメリットを伝えると、悪い印象を持たれてしまうのではないか」と心配になる気持ちも分かります。

ですが、**お客様へ商品をお勧めする際には、必ずデメリットも相手に伝える**必要があります。デメリットを伝えなかったことで、後からトラブルになる可能性もあるからです。

物事には必ずメリット、デメリットの両方が存在します。ですから、むしろ**良い部分だけを羅列せず、良くない部分も伝えるほうが、よりお客様は納得する**のです。また、どんなところをメリットまたはデメリットと感じるかは人によって変わるものです。

とはいえ、デメリットは伝えづらい。そんな時には**「デメリットをメリットとサンドイッチで話すこと」**を意識して伝えましょう。つまり、メリット①→デメリット→メリット②といった流れで伝えます。ポイントは、**最後の締めくくりに、必ずデメリットを上回るメリットを持ってくること**です。

例えば、ジェロビタールを例にするとこのようになります。

―― 例：ジェロビタール ――

ルーマニアの国家プロジェクトで開発されたアンチエイジング化粧品。ルーマニアの若返り施設で生まれ、世界中のＶＩＰがホームケアとして使用している化粧品です。

この化粧品、原材料はラノリンという羊の毛に付いている脂なので、かなりベッタリとした感触です。サラッとした感じの化粧品をお好みの方にはちょっとベタベタ過ぎると思われてしまうかもしれません。

ですが、このベタッと感があるおかげでクリームをお肌にのせて塗りこむだけでググッとフェイスラインが上がります。また、このクリームは体温で溶けて、サーッとお肌に馴染んでいきますので、乾燥肌の人は極上の潤いを実感できます。

メリット①＝世界中のＶＩＰが使っていた化粧品を手に入れることができる
デメリット＝クリームの感触がベタベタ
メリット②＝重厚な質感だからこそリフトアップ＆保湿がすごい

このように、メリットとデメリットを交互に伝えると、一見良くないと感じられる部分でも、他の「強み」を高める役割を持つことで、デメリットでもメリットに感じられるような伝わり方になります。

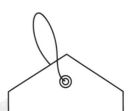

たった5個しか売れなかった最悪の話し方

商品のストーリーは「型」に当てはめて伝える、というお話をすると、「アナウンサーのように、きちんと滑舌よくキレイな声で伝えなければ」と身構えてしまう方もいるかもしれません。

そんなことは全くありません。むしろ正反対です。アナウンサーである私が言うのは変ですが、**売り上げを上げたいなら、絶対にアナウンサーのように話さないでください。**

なぜなら、私自身が失敗例だったからです。私がテレビショッピングに出演した時、最初の売り上げは1時間でたったの5個。金額にして10万円にもなりませんでした。

その最大の敗因は、まるでニュース番組のように、商品を「完璧に」紹介してしまったことです。

アナウンサーは、必要な情報を分かりやすく正確に伝えるのがお仕事。主役はニュースであり、伝えるべき情報であり、インタビューされる側です。黒子のように、相手を引き立てながら情報を引き出し、あくまで「ニュース」として情報を分かりやすく伝える。「たとえ悲しいニュースだとしても、テレビカメラの前で泣くなど感情を表に出してはならない」と、先輩アナウンサーからきつく言われたものです。

そのため、アナウンサーは、情報を淡々と分かりやすく伝える能力には長けています。ですが、テレビショッピングで商品を売り込むトークスキルは、また別ものなのです。

商品を売り込むトークスキルに必要なのは、「人間らしさ」と「会話力」。営業活動は人と人とのコミュニケーションです。

いくら話すことが得意でも、ニュースを伝えるように淡々と流暢に話してしまうと、相手との会話のキャッチボールが生まれません。ニュース番組のような話し方や伝え方は、ロボットが会話をしているようなもの。伝え手に「人間らしさ」「感情」がこもっていなければ印象に残りません。

また、**話し方に抑揚がないと、内容のポイントがつかみにくくなり、聞き流されて**

しまうというデメリットもあります。

ジャパネットたかたの元社長、高田明《たかたあきら》さんの話し方を思い出してみてください。お世辞にも高田さんの話し方はキレイとはいえません。ですが、あの個性的なセールストークはとても印象に残ります。ジャパネットたかたは、あの個性的なセールストークで売り上げを拡大させ、今では六本木に自社スタジオを構えるまでの大企業となりました。

もし高田さんがアナウンサーのように商品を紹介していたらどうなったでしょうか？ もしかすると、今のような成長はなかったかもしれません。

営業トークは、**相手と言葉のキャッチボールをしながら、悩みやニーズを引き出し、自分の商品に対する思いや感情などを交えて、「ストーリー」を伝えることが理想的**です。商品を売るためには、アナウンサーのような話し方は必要ありません。話し方に特徴があっても大丈夫です。その特徴がむしろ個性になります。

「印象に残らない」「伝わらない」その原因は？

商品を売るために、アナウンサーのようにキレイに話す必要は全くありません。だからと言って、聞き取りづらかったり、何を言っているのか分からなかったりするようでは、せっかくの魅力的な「ストーリー」も相手には伝わりません。

営業マンや経営者、セミナー講師など、人前で話す機会の多い方々にとって、大切なのは信頼と説得力、そしてプラスのイメージです。

そのために、一番気を付けなければならないのは、第一印象です。

メラビアンの法則によると、相手に与える印象を左右するものの割合は、言語情報（話す内容）7％、視覚情報（見た目）55％、聴覚情報（声）38％と紹介しました。

つまり、**人はどんなことを話しているかよりも、どんなふうに話しているかの方がより印象に残りやすい**ということです。**相手に与える印象の4割近くが「話し方」や**

「声」などで決まってしまうにもかかわらず、それらに気を配っている人は多くありません。

あなたがクライアントの立場なら、「小さい声で自信なさげに話している営業マン」と一緒に仕事がしたいと思うでしょうか？「暗い表情でプレゼンされた案件」を採用したいですか？

どうせなら、「ハキハキと明瞭で聞き取りやすい声の、表情豊かでエネルギーに満ちた営業マンと仕事をしたい！」「堂々として躍動感に満ちた、経営者の下で働きたい！」「自信に満ちていて説得力ある、セミナー講師から納得して商品を購入したい！」と思いませんか？

ビジネスで成功するためには**「また会いたい！」「この人と一緒に仕事がしたい」「この人だから購入したい」と思ってもらうことが重要**です。そのためには、話し方と声は欠かせない営業ツールの一つなのです。

よほど人と隔絶された環境でない限り、人は毎日誰かと話をして、「声」を出していると思います。声を出すことは、息をするのと同じぐらい自然に行っていることが多いでしょう。このため、余計に声や話し方について普段から気を配っている人は少ないかもしれません。

ですが、ただ**「話をする」こと＝「伝える」ことではありません。**

また、**「伝える」こと＝「伝わる」ことでもありません。**

一番大事なのは、「自分が何を伝えたかよりも、相手に何が伝わったかです。「自分では伝えたつもりでも、伝わっていないことが多い」「何度も聞き返される」。そんな場合に考えられる原因は、次のものが挙げられます。

▼滑舌が悪い

▼言葉がスムーズに出てこない

▼早口

▼1文が長い

▼声が小さい

▼「えー」「あのー」などの「雑音」が入る

何度も聞き返されるのは、滑舌が悪い、または声のボリュームが小さ過ぎるなどが原因です。また、緊張すると、言葉がスムーズに出てこなかったり、早口になってしまったりします。

「1文が長くなってしまう」「メリハリのある話し方ができない」場合は、話す内容が整理できていないことが多いです。「雑音」も、話しながら内容を考えている時に出てしまいます。いずれも、**聞き手の立場からすると、伝えようとしている内容よりも、それ以外のところに気を取られてしまいます。**結果、「伝わりにくい」状態になってしまうのです。

では、反対に「伝わる話し方」とはどのようなものでしょうか？

▼明るい声
▼ハリのある声
▼言葉が明瞭である
▼キーワードがしっかりと伝わる

▼伝え方にメリハリがある

自分がどのような話し方をしているかは、普段の生活ではなかなか気付きにくいものです。携帯電話の留守電や、スマートフォンのボイスレコーダーなどに自分の声を録音し、改めて聞き直してみると、声の高低や大小、話し方などの意外な特徴に気付くはずです。

とはいえ、「声の大きさや話し方は生まれつきのもので、一生良くならない」なんて思っていませんか？　ご安心ください。**印象に残る声は、腹式呼吸を練習することによって出せる**ようになります。

実は声も筋トレと同じ。鍛えれば大きく、そして聞き取りやすくなるのです。声を出す時に使われるのは声帯です。その声帯を振動させて声を出すためには「吐く息」が必要です。その吐く息にパワーがあるかないかで声の大きさは決まってしまいます。

吐く息のパワー、つまり「声の圧力」を高めるには、呼吸のトレーニングが効果的です。

声の力を高める呼吸トレーニング

人間の呼吸法は2通りあります。普段の会話や、運動をしている時などは「胸式呼吸」と呼ばれる、胸を使った呼吸法です。一方で、横になって寝ている時は、無意識のうちに「腹式呼吸」と呼ばれるおなかを使った呼吸法で息をしています。胸式呼吸は両肩が上下し、腹式呼吸はおなかが上下します。

アナウンサーが原稿を読む時や、リポートをしたり、**人前で話をしたりする時は、この腹式呼吸で発声**しています。なぜなら、腹式呼吸で話すと、声に圧力が生まれる他、声を長く出すことができるからです。ニュースやナレーション原稿などに、文章の切れ目がなく、息継ぎができない時でも、腹式呼吸で発声すると、途切れることなく読むことができます。

腹式呼吸のやり方を説明します。

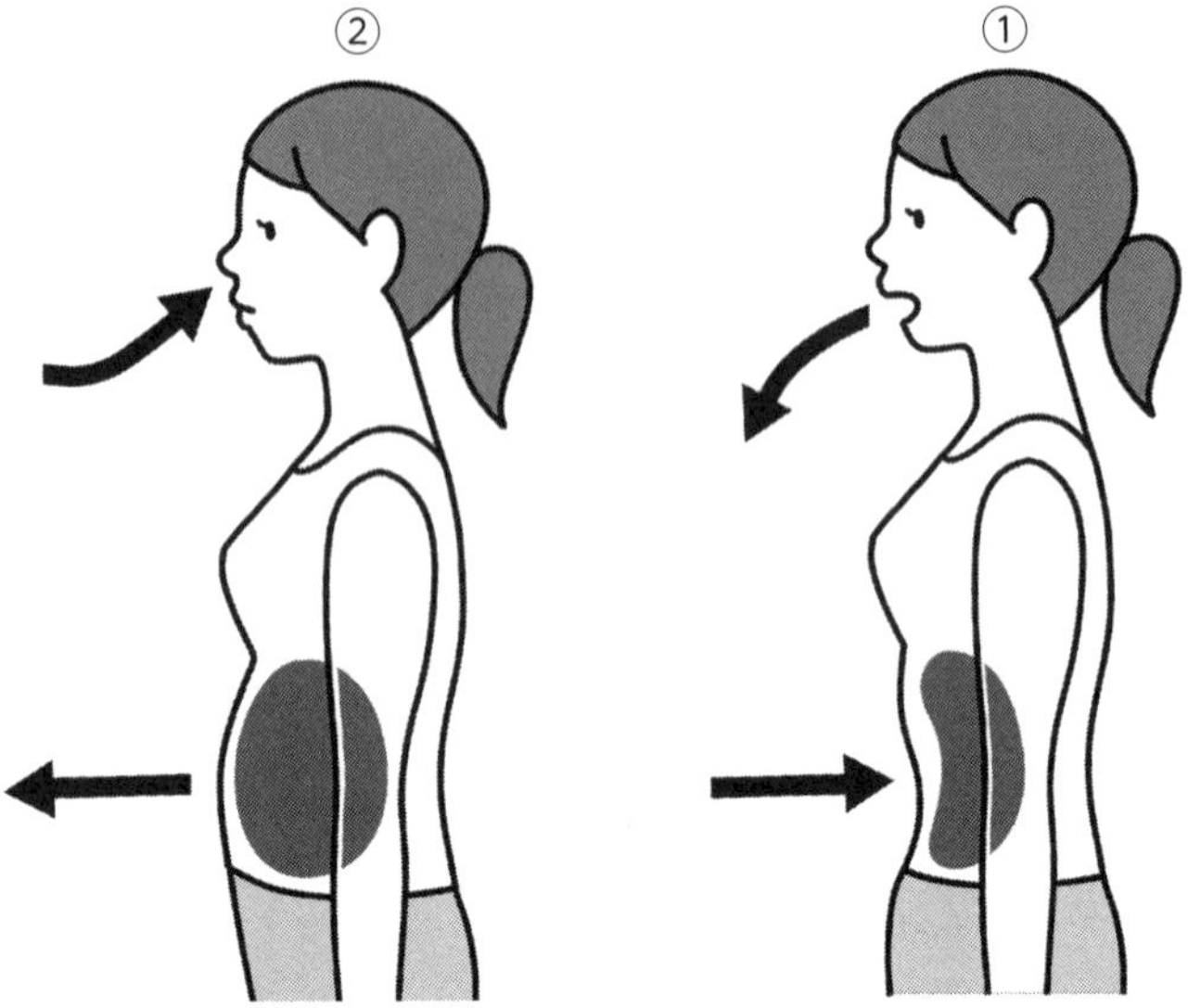

①まず、図の右の女性のように、口から息を「はぁーっ」と全部吐ききってください。（肺に入っていた空気を全部出しきって、おなかがぺちゃんこになるようなイメージで）

②すべて吐ききったら、鼻から息を吸います。おなかの中にある風船を膨らませるようなイメージで空気を吸っていきます。（実際に空気が入っているのは肺ですが、肺を支えている横隔膜を下に押し下げるように空気を取り込むことで、おなかが膨らんでいるように見えます）

③①〜②を繰り返す

初めは、できれば立った状態よりも、床に仰向けに寝転んだ状態の方がおなかの動きが分かりやすいです。会社などで難しい場合は、椅子に浅く腰掛け、そのまま背もたれに寄り掛かり、体を斜めにした状態で練習するのもお勧めです。**身体を少しでも寝かせることで、息をする時に肩が上がりにくくなり、自然と腹式呼吸になります。**

腹式呼吸のコツがつかめたら、今度はその呼吸に合わせて声を出していきます。先ほどの図の右側の女性のように、息を吐きながら「あー」と言ってみましょう。

①まずは息をすべて吐き出します
②吐ききったら鼻から息を吸い、おなかの風船にためていきます。
③たまったところで「あー」と言いながら息を吐き出していきます。

この時、声をボールにして自分の向かいにある壁（部屋の中で一番自分から離れている壁）に投げて当てるようなイメージで出します。最初は短い時間しか声が続かなくても大丈夫です。練習を重ねていくうちに、5秒が10秒になり、15秒、20秒と長く出せるようになります。現役のアナウンサーだと1分ぐらい出せる方もいますが、大人で20秒～25秒ぐらい出せれば大丈夫です。

この発声法はかなりの音量で声が出ますので、練習する場合はカラオケボックスなど音が漏れても問題ない場所が良いでしょう。ちなみに私はアナウンサーの現役時代、毎朝出社前に広瀬川のほとりで叫んでいました。真剣にやっていましたが、はたから見れば、かなり異様な光景だったかもしれません。

こうしたトレーニングを日々行うことで、**声に圧力が生まれ、ハリのある「印象に残る声」が出せる**ようになります。こうした「声の力」は、あなたのキャリアにおいて一生役に立つスキルになるでしょう。

相手に「伝わる声」を見つけよう

「声」も権威性と同じく、商品やターゲットによって、変える必要があります。あなたの商品やターゲットに合わせて、どんな声で伝えるかを考えましょう。**商品を売るために欠かせない権威性は、声によっても高めることができる**のです。

声にも「ハロー効果」が現れます。例えば、山瀬《やませ》まみさんや、りゅうちぇるさんのように、高めの甘い声を出す人は、相手に可愛らしさや親しみやすさを感じさせます。一方で、頼りなさそうな、軽薄なイメージを持たれてしまうこともあります。

また、天海《あまみ》祐希《ゆうき》さんや池上《いけがみ》彰《あきら》さんのように、固い感じの声の人は説得力があり、真面目さを感じさせます。ですが、近寄りがたい、打ち解けにくいといった印象を与えてしまうこともあります。

ターゲットにどのように自分を見せるかを考えて、相手目線を意識した声を演出し

ていきましょう。

例えば、商品が高価な宝石や外車などの場合、甘めの高い声でお勧めしていると、お客様は「本当に大丈夫なのかしら?」と、頼りなく感じてしまいます。**「信頼感」や「安心感」が求められる商品の場合は、低めのはっきりとした声で話をすると良いでしょう。**

逆に、美容商材やアパレルなど女性向けの商品の場合や、対面でなく電話などで案内する場合は、明るいイメージが求められます。このような場合は少し高めの柔らかい声のほうが好印象を持ってもらえるでしょう。

「商品のターゲットに対して自分をどう見せたいか」によって、自分のベストな声を見つけることが大切なのです。

人を夢中にさせる話し方のテクニック

相手に商品の強みを分かりやすく伝えるためには、重要なキーワードの前に少し「間」をとることを意識しましょう。

例えば、商品の値段をアピールしたい場合、次のように、値段の前でワンテンポ間を開けると、値段の情報がより際立ちます。

「今回ご紹介したこちらの本、お値段は（1秒の間）1200円です」

ジャパネットたかたの元社長、高田明さんは、商品の値段を言う時、必ずこのテクニックを使っています。しかも、その部分のボリュームを抑え目で話すことで、さらに注目度を上げているのです。

普通は、値段などの伝えたいキーワードは、トーン高め&強めに発音して目立たせることが多いのです。逆にボリュームを抑え目で言うと、聞いている人は「え？　今いくらって言った？」と、一瞬戸惑います。すると「いくらなのかわからないと気持ちが悪い！」と感じて、その小さな疑問を解決するために、結局最後まで真剣に話を聞いてしまうのです。

高田元社長は、**キーワードを際立たせる間だけでなく、「トーンを変えることによるメリハリ」というテクニックも利用**しているのです。

人に何かを伝える場合、ただ伝えるだけでは意味がありません。**相手が伝えられたことを受け止めて、アクションを起こすことが「伝わる」ということ**です。

例えば、モノを売る人なら、商品のことを伝えて、お客様がその商品を購入することで、初めて伝わるということになります。

ジャパネットたかたの好調ぶりから見て、高田さんの声がいかに多くのお客様に伝わるか、とても良く分かりますね。

お客様の「迷い」を消す方法

売れる「ストーリー」と「権威性」、そして「伝え方」によって、お客様の9割が、あなたの商品を「欲しい！」と感じるでしょう。

ですが、そのように感じていても、**様々な要因で、お支払いの直前に「迷い」が出てくる**ことがあります。その迷いを払しょくし、購入まで導くためには、あと少しの努力と工夫が必要です。具体的には「クロージングテクニック」を使います。

クロージングテクニックというと、言葉巧みにお客様を説得して、商品を「買わせる」イメージがあるかもしれません。ですが、それは間違った認識です。それでは、単なる押し売りになってしまいます。**本物のクロージングテクニックは、お客様の気持ちに寄り添うもの**です。

誰でも、強制されたり、無理やり購入させられたりしたモノやサービスに価値を見出すことはできません。なぜなら、自分から「欲しい！」と思ったり、商品の価値に納得したりして手に入れたものではないからです。「買いたい」と思っていないお客様にクロージングテクニックを利用しても、売り上げにはつながらないでしょう。たとえ購入したとしても、返品されるか、最悪の場合は消費者センターにクレームがいく可能性もあります。

本書におけるクロージングテクニックは、商品に興味のないお客様を対象にしているのではありません。**ストーリーや権威性が伝わって、「欲しい！」という気持ちになっているお客様に対して取る行動**です。

正しいクロージングとは、**お客様の迷いを一つ一つ消していって、最後にそっと背中を押してあげること**なのです。クロージングを確実に決めていくためには、お客様の迷いごとに適切な手段が必要になります。

そのテクニックを紹介する前に、なぜテレビショッピングのやり方が優れているのか、業界の背景や放送の仕組みなどから説明していきます。

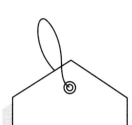

テレビショッピングで「モノ」が売れる理由

テレビショッピングの市場規模は、この15年で飛躍的な成長を遂げました。

テレビショッピングは、通常のテレビコマーシャルより多くの情報を伝えるインフォマーシャル形式や地上波のワイド番組のショッピング枠の放送など、様々な放送スタイルがあります。その中でも、この業界の躍進を牽引してきたのが、二大ショッピングチャンネルと呼ばれる、QVCとショップチャンネルです。

この二つの企業が他と違うのは、24時間365日生放送をしているということ。

この放送形態が他社との大きな違いであり、それこそが、爆発的な売り上げを上げることになった理由です。

QVCもショップチャンネルも、元はアメリカの会社で、20年ぐらい前に日本に上陸した当初は、現在のような24時間生放送ではありませんでした。最初は朝から深夜0時ぐらいまでの生放送で、深夜の時間帯は生放送を録画したものを放映していたのです。どちらの放送局も、アメリカ本土では最初から24時間の生放送が行われていました。その理由は時差です。

アメリカは国土が広いため国内でも時差が存在します。日本には時差がないので、「24時間の生放送にする必要はないのではないか?」と、当時大分議論されていました。

しかし、結局はアメリカと同じように24時間の生放送体制になりました。

その理由は、単純に「売れるから」です。もしかすると、アメリカに合わせたというのもあるかもしれません。では、なぜ生放送だと商品が売れるのか。その理由は、人の購買心理をうまく利用した、24時間テレビショッピングならではの特徴にあります。

人はどんな時にモノを購入しようと思うのでしょう。「その商品が自分の悩みを解決してくれそうと思った時」や、「その商品を購入することで得られる未来に満足できる時」などではないでしょうか。もちろん、テレビショッピングではこれらの心理をくみ取って、「ストーリー」や演出を考えて番組作りをしています。ですが、それだけでは生放送の意味はありません。

24時間のテレビショッピングでは、生放送の間にプロデューサーがリアルタイムのコール（電話でのご注文）数や在庫を確認しながら、必要な情報を随時発信しています。放送中に「注文が集中しています」とか、「ソールドアウト」などのテロップが出る時がありますが、まさにそのことです。

副調整室にあるプロデューサーの席には、生放送中の販売状況、注文受付情報、在庫数などがすべてリアルタイムで分かるようなデータが表示されており、それを見ながら番組を進行しています。お客様からのコール数に合わせて、より商品が売れるように常に工夫しているのです。

例えば放送中に、時折コールセンターから連絡が入り、「もっとこの商品の素材について聞きたい」とか、「もう一度モデルさんが着ているところを見たい」など、お客様からのリアルタイムのリクエストにもお答えしています。

「このデモを見せた時にコールが上がった」と判断して、もう一度コール数を上げるために指示を出すこともあります。

また、コールが殺到し過ぎて、このままではすぐに売り切れてしまうと判断した時には、「残りわずか」のテロップを出し、ショッピングキャスターに、「あまり在庫がないのでお急ぎの注文を」と呼びかけるよう指示を出したりもします。

実は、この**適切なタイミングで提示される、「リアルタイムの情報」**こそが、生放送であるべき一番の理由です。また、**迷っているお客様の背中を押す、クロージングのための大きな武器**でもあるのです。

24時間テレビショッピングのクロージングテクニックは、業種を問わず、対面でも電話でも、インターネットでも、様々なモノとサービスを提供する場で応用できます。

迷えるお客様の背中をそっと押す「クロージングテクニック」

クロージングを成功させるために、まず理解しておかなければならないのは、**お客様がどのようなことで購入を「迷う」のか**ということです。

お客様が迷う原因は、大きく分けて5つあげられます。

①予算オーバー
②タイミングが悪い
③効果への疑問
④商品や会社に対する不安
⑤他社との違いが分かりづらい

それぞれの「迷い」を一つずつ消していきましょう。

①予算オーバー

「良い商品だし、欲しいけどお金がね……」など、「高い」「予算オーバー」といったお金に関する「迷い」です。モノやサービスを売っている方なら、誰しもこんな理由で断られたことがあるのではないでしょうか？

この場合は、**「価格以上の価値だと感じさせる」**ことが一つの手です。

例えば、1万5000円の化粧品（クリーム）を販売しているとします。商品の良さが分かっているので、欲しいと思ってはいるけれど、値段のところで迷っている場合。

価格以上の価値に感じられるように、このような説明をしたらどうでしょう。

——例：化粧品（クリーム）——

この化粧品を使ったエステは1回1時間半で3万円します。でも、この化粧品を購入すれば、3万円のエステを毎日受けているようなものです。

エステは1回受けるだけで3万円かかってしまいますが、このクリームは一つ1万5000円。しかも毎日使っても2カ月は持ちます。

3万円のエステを2か月間毎日受けられると思ってみてください。

3万円のエステと比較することで、1万5000円のクリームの価値が価格以上に感じられるのではないでしょうか。

もう一つの手は、**「クレジットカード分割払い」**です。

「え？　そんなこと？」と、思われるかもしれませんが、このクレジットカード分割払いの心理的破壊力は想像以上です。

テレビショッピングでも、特に高額商品の場合には、クレジットカードの心理的破壊力をクロージング率を上げるテクニックとして利用しています。

テロップで出したり、ショッピングキャスターから口頭で案内させたりと方法は様々ですが、クレジットカードで購入できるご案内や、分割払いを受け付けているという内容を伝えることで、高額な支払いに対するハードルを下げています。

クレジットカードで購入することにより、購入者の心理として**「商品が得られる」という喜びの感情を先に感じることができる**一方で、**「お金を支払う」という痛みの感情が後回し**になります。

また、人は一気に大金がなくなることに恐怖を感じますが、毎月少しずつの支払いに対してはあまり恐怖を感じにくいという心理も働きます。

さらに、テレビショッピングではこのようなキラーフレーズも活用して、お客様の背中を押しています。

「ご自分へのご褒美に」

「これだけ良いものですから、長くお使いいただけます。結果的にお得ですよ」

「価値あるものですので、持っているだけで気分が上がりますね」

商品を購入する理由をこちらから提案し、購入するための「言い訳」を作ることで高額商品を買うことへの迷いを消しているのです。

余談ですが、私は母と共に、時々私物をフリーマーケットで販売することがあります。

フリーマーケットというと現金取引というイメージが強いものですが、私たちの会場ではクレジットカードでも受け付けています。購入を迷っている人に対して、「クレジットカードも使えますよ」と一声かけるだけで、1人あたりの購入金額が、現金の場合に比べると格段に跳ね上がります。

クレジットカードは、あなたが思っている以上に「お金」に関する迷いを消してくれる強力なクロージングツールなのです。

②タイミングが悪い

「良さそうだけど、もう少し待ってみようかな」とか「ついこの間同じようなものを買ってしまった」など時期やタイミングによって、「迷い」が生じる場合もあります。

この場合は、**「限定感」をアピールする**テクニックが有効です。

人の購買意欲をかき立てる心理の一つ。それが限定感です。

「限定感」は、購入を考えるお客様の背中を押してくれる、最強の武器なのです。

テレビショッピングで、「注文集中」や「残りわずか」という表示を出すのは、コールセンターでの待ち時間を減らす目的もありますが、購入を考えるお客様の背中を押すためでもあります。

特に「限定」に弱いのが日本人。こんな言葉を聞くと、**思わず前のめりになってしまう**ものです。


限定1000個。

今しか購入できません！

今回を逃すともう購入できないかもしれません！

現在、多くのみなさんが注文しています。

商品残りわずか。お急ぎください。


テレビを見ながらボーッとしている間に注文の電話が殺到し、どんどん在庫数が減っていく様子をリアルタイムで見せられると、どうでしょう。

「良さそうだけど、同じようなものを持っているし……」

「欲しいけどまた今度でも良いかな？」

と考えていたとしても、思わず「急がなきゃ！」という気分にさせられてしまうのではないでしょうか。

時期やタイミングが理由で迷っているお客様には、このような限定感をアピールしながらクロージングしていくと良いでしょう。

③効果への疑問

商品に効果が期待できるであろうことが頭では分かっていても、実際に自分事としてとらえた時に、「自分が使っても本当に思っていた通りになるのか不安」というのがこのパターンです。

このような場合のクロージングテクニックは**「本物感」を出すこと**です。

例えば、ダイエット食品などで使用前と使用後の変化を見せる時に、使用前と使用後の立ち方が著しく違うことがあります。実際に体型もスリムになったのでしょうが、同じような条件で比較しないと「痩せたように見えるのは姿勢のせいではないか」と思われてしまいかねません。「ストーリー」を伝えても、本物であることが感じられないと、かえって逆効果になってしまいます。

こうした本物感を出すのに一番良い方法は、**お客様の目の前でデモを見せたり、実際に体験した「お客様の声」を紹介したりする**ことです。

私はショップチャンネルに出演し、オリジナルブランドの化粧品を販売していたことがあります。そのブランドのアイテムの一つに、BBクリームがありました。BBクリームは美容液、日焼け止め、化粧下地、ファンデーションなど複数の機能を持つ化粧品です。

番組では、メイク直しをしても崩れにくいことを見せるため、生放送中に自分の顔にクリームを塗って効果を見せていました。今でも、対面でこの商品を販売する時は、同じようにその場で自分の顔に塗って見せています。

「お客様の声」は、**できる限り体験者を現場に呼んで、話をしてもらうことが一番効果的**です。ですが、この方法をとることが難しい場合もあるでしょう。

その場合は、商品を体験した方がその良さや感想について話しているところをビデオで見せたり、アンケートの回答を直筆でいただき、ホームページなどに掲載したりしましょう。

また、お客様から寄せられた質問とその答えを掲載することでも、同じような効果を得ることができます。

「お客様の声」も、「サクラを起用したのかな?」と思われてしまった瞬間に、これまで伝えてきた商品のストーリーがすべて嘘のように思われてしまいます。

リアルな感想が伝わるような工夫を大切にしましょう。

④商品や会社に対する不安

テレビショッピングでは、化粧品のように、見ただけではその使い方や良さが分からない商品の場合、番組の始めよりも終わりのほうに注文が増えるという傾向があります。

それはお客様が、「どんな商品でどんな効果があるのか」とじっくり番組を見ながら、その商品の良さを確認し、番組の終わりになって「いいな」と思うからです。ですがそんな時、最後に湧き上がるのがこんな疑問。

「でも、他の人はどう思っているのかしら?」「本当に、信用して大丈夫?」

そんな「迷い」を消すのに有効なクロージングテクニックが、**「みんな購入している」「有名な○○さんも使っている」**といった、**社会的欲求を満たすようなキラーフ**

レーズや演出です。

テレビショッピングの場合、このクロージングに当てはまるのが、「注文集中」テロップと「残りわずか」テロップです。かなり売れている場合には、リアルタイムの売上個数まで表示します。

こうしたテロップと同じ働きをするのが、「93％の方からリピートオーダーをいただいている」「使用した89％の方が効果を実感」といった、アンケートや統計の結果です。

テロップと同じく、「これだけの方がこの商品を良いと思って購入しているので大丈夫ですよ」といった、「安心感」を与えることができます。

「自分だけでなく、他の人も同じように良いと思っているのだ」と分かれば、安心感につながります。「安心感」を持つことができれば、商品や会社に対する不安はなくせるのです。

⑤他社との違いが分かりづらい

多くのモノやサービスが提供されている今、あなたが扱っている商品と似たような商品はたくさんあります。

今は簡単にインターネットで調べられますので、「より良い条件を提示している会社」や「安く買えるお店」が見つかれば、お客様がそちらに流れてしまう可能性も少なくありません。

ですが、この迷いの場合は、**他の迷いに比べて、お客様の購入意欲が高い**ことが多いのが特徴です。

「欲しい！」「手に入れたい」と思っているからこそ、もっと条件良く、もっと安くならないかと考えているのです。

この場合のクロージングテクニックは、「比較できないようにする」ことです。

つまり、**商品自体の「オリジナル感」をアピールすること**です。

例えばテレビショッピングの場合、「テレビショッピングオリジナルの商品・セット・価格である」ことが、放送の条件となっています。

放送する前から、比較されることを見越して、商品の内容や価格でオリジナル感を

テレビショッピングのクロージングテクニック

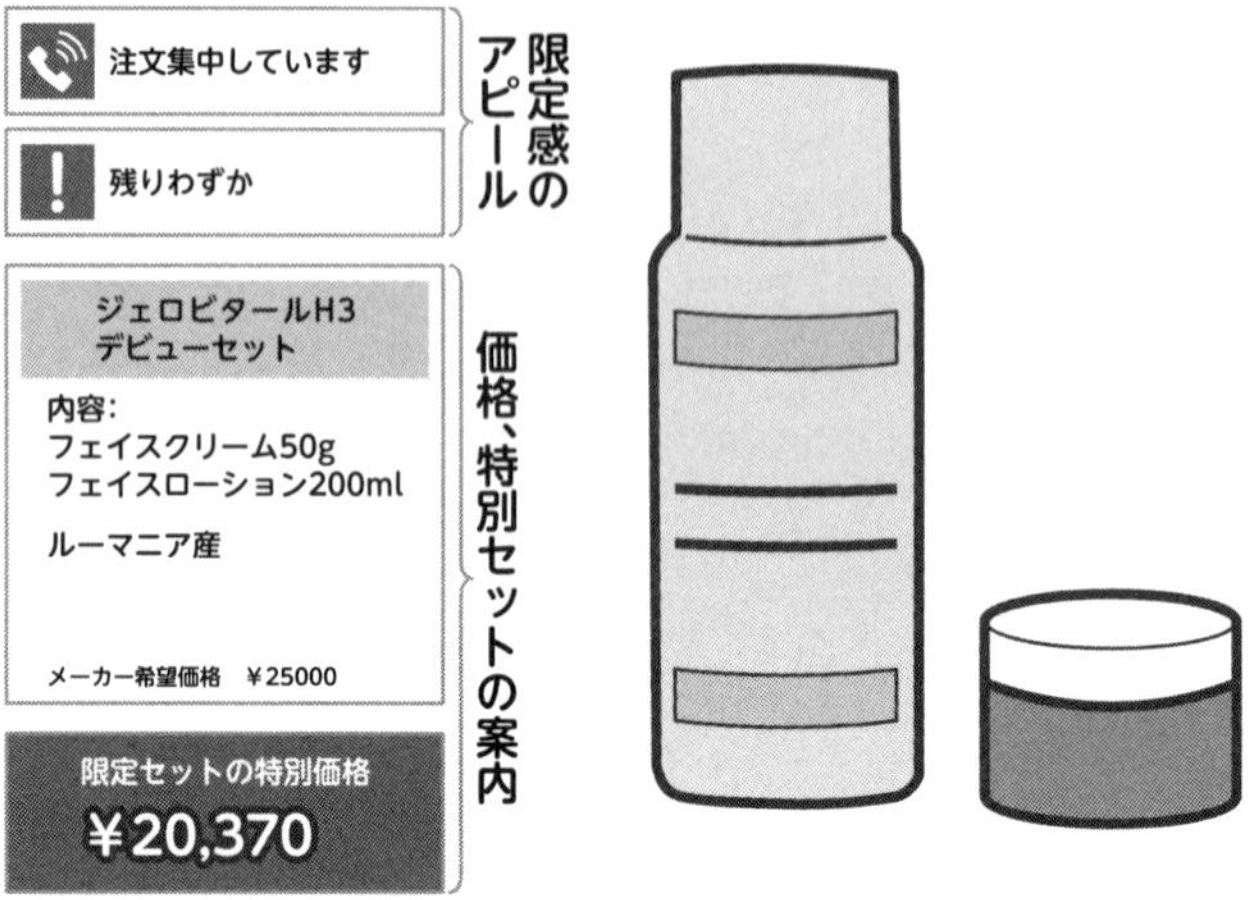

全面に打ち出すようにしているのです。

ここでしか販売されていない「特別セット」の表示だけでなく、他で購入した場合の金額の表示をしています。

金額の差がつけられない場合は、プレゼントを付けたり、無料相談を受け付けたりしてオリジナル感を出すこともできます。

このクロージングテクニックで気を付けなければならないのは、**競合他社の商品の悪口を言わない**ことです。ライバルのイメージを下げても、あなたの商品の優位性は上がりません。

あくまでも、**あなたや、あなたの会社がどのようにオリジナル感を打ち出**

すかが重要なのです。

これらのテクニックは、今すぐにでもあなたのビジネスに役立てることができます。
是非、ご自分の商品に当てはめながら、作戦を練ってみてください。

おわりに

売れる「ストーリー」を探しに行こう
～テレビショッピングは「売れるストーリー」の宝庫～

様々なモノやサービスが溢れている現代社会で、多くのライバルに打ち勝ち、お客様に自分たちの商品を手に取ってもらう、利用してもらうのは大変なことです。

世の中のトップ数パーセントのエリートを除いた、ほとんどの営業マンは、新規顧客開拓などで、売り上げに悩んでいるといわれています。

そんな中、24時間365日眠らないテレビショッピングの世界では、毎日多くの商品が世に送り出され、大勢のお客様のニーズに応えています。テレビショッピングには、売れるヒントがたくさんあるのです。

それでもあなたは「いや、でもそれはテレビショッピングという特殊な世界だからでしょう？」と思いますか？「業種が違うから」「営業形式が違うから」など、特殊な世界だから参考にできないと、決めつけてしまうのはもったいないことです。

テレビショッピングのプロデューサーとして数多くの商品を世に送り出していく中で、同じような商品であっても、ヒット商品として長く放送される商品もあれば、全く売れずに静かに消えていく商品もありました。

その違いは本書で紹介してきた、次の三つの条件を満たしているかどうかです。

①商品に「ストーリー」があるか
②説明者に「権威性」が感じられるか
③ストーリーが伝わる工夫と「クロージング」ができているか

ですが、これらは決してテレビショッピングの世界でしか通用しないというわけではありません。どんな営業形態であっても応用することが可能なのです。

テレビショッピングは、「売れるストーリー」の宝庫。どんなモノやサービスでも、売れるストーリーを見つけて伝えれば、必ずお客様の方から「欲しい！」と言ってもらえるような結果になります。

この本の中でお伝えしてきたノウハウを通して、あなたの商品にぴったりの売れるストーリー作りにお役立て頂ければ幸いです。

私が通販の世界に飛び込んで今年で17年目を迎えました（２０１９年8月現在）。しかし、最初の頃は右も左もわからず本当に大変でした。

私の指示がうまく伝わらず、生放送中にショッピングナビゲーターに激怒されたこともあれば、ストーリー作りに失敗して商品が全く売れず、生放送の担当から外されたことなど、失敗談は数知れません。

それから月日は経ち……。

私は今、テレビショッピングをきっかけに独立し、化粧品の通販会社の運営に携わっている他、売り上げに悩むビジネスパーソンに、売り上げを上げるための話し方やストーリーの作り方のセミナー講師としても活動しています。そして、この度「モノやサービスの売り方」をテーマにした本書の出版のお話をいただき、私の日常は大きく変わりました。

これまで私の頭の中だけにあった情報を、読者のみなさんに分かりやすくお伝えするために、テレビショッピング時代から今に至るまでの20年近くの歴史をさかのぼり、今まで以上にテレビショッピングの画面にかじりついて、私なりのノウハウの洗い出しを行ってきました。そのかいあって、現在私が知りうるすべての知識と経験のエッセンスが詰まった「魂の一冊」が書けたと自負しています。

この本は、私一人の力では完成しませんでした。

テレビショッピング時代から、わが社の商品を愛してくださっている、1万人を超えるご愛用者の皆様、本当にありがとうございます。

皆様が商品や番組に対して、ご意見・ご感想などをお寄せくださっているからこそ、私も商品の「強み」をどのようにストーリーにしていくのかについて、改めて深く考えることができました。

また、私をいつも支えてくれている家族、弊社の社員、スタッフに「ありがとう」の言葉を贈ります。

そして、出版プロデューサーとして、本書の企画にご支援いただきました、ネクストサービスの松尾昭仁さん、この本の出版のきっかけをいただき、いつも的確なアドバイスをくださる、総合法令出版編集者の尾澤さん、大原さんに心から感謝いたします。

2019年8月8日　宮坂珠理

宮坂珠理（みやさか・しゅり）

株式会社 OFFICE・SHURI 代表
商品・自己 PR プロデューサー。フリーアナウンサー。

小学校 5 年生の時に「アナウンサーになる」ことを決意。

夢を叶えるべく、ゴールから逆算思考で考え、行動する習慣を身に付ける。大学卒業後は「内定倍率 800 倍」を勝ち抜き、アナウンサー試験に合格。TBS 系列東北放送では、一般人から著名人、政治家まで、1 万人のインタビューを経験する。

フリーアナウンサーとして活動後、テレビショッピング業界に転身。番組を通して、商品の強みを引き出すストーリーを伝え、1 時間に 1200 万円の売り上げを達成。年間ベストセラー賞を獲得。その後も、3 時間半で 6000 人が購入、1 億 5000 万円を売り上げ、爆売れ商品を生み出すことに成功。その他にも様々なヒット商品を世に送り出してきた。

テレビショッピングのプロデューサーとしての経験から、売れるためには「お客様が腑に落ちるストーリー」と「売る人の権威性」、「魅せ方のテクニック」が必要であると実感。

現在は、「もっと素晴らしい商品を世に出したい！」との思いから、誰でもできる売り方のノウハウを広めるべく、全国でセミナーを展開中。

▼宮坂珠理公式ブログ
https://office-shuri.net/

▼ LINE@

視覚障害その他の理由で活字のままでこの本を利用出来ない人のために、営利を目的とする場合を除き「録音図書」「点字図書」「拡大図書」等の製作をすることを認めます。その際は著作権者、または、出版社までご連絡ください。

たった1日で売れる人に変わる
売り方の教科書

2019年 8 月23日　初版発行
著　者　宮坂珠理
発行者　野村直克
発行所　総合法令出版株式会社
〒103-0001　東京都中央区日本橋小伝馬町 15-18
ユニゾ小伝馬町ビル 9 階
電話　03-5623-5121
印刷・製本　中央精版印刷株式会社
落丁・乱丁本はお取替えいたします。

ISBN 978-4-86280-698-7
総合法令出版ホームページ　http://www.horei.com/